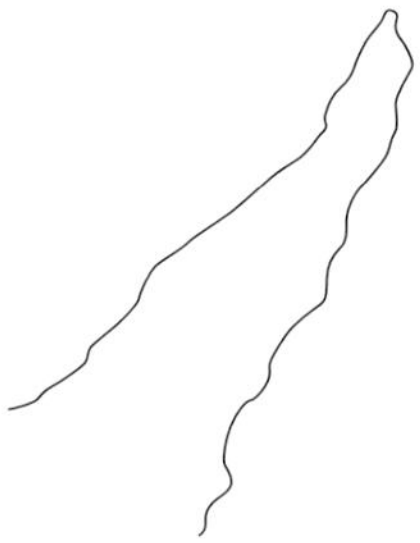

知床半島の山と沢

知床半島の位置について

「どこから知床半島は始まるのか、どこかに標識などがあって線引きされているのだろうか」という素朴な疑問が沸いて、色々な刊行物を調べてみた。

一、「日本地名大辞典―北海道」・朝倉鑛造・一九六八年十二月発行　一三八ページに「知床半島基部の幅は薫別～島戸狩(今の峰浜)間で約２９㎞」とある。

二、「北海道大百科辞典」・北海道新聞社・一九八一年八月発行　九二一ページに「知床半島基部の幅は薫別～島戸狩間で約３０㎞」とある。

三、「角川日本地名大辞典―北海道上巻」・角川書店・一九八七年十月発行　七四〇ページに「知床半島基部の幅は薫別～峰浜間で約２６㎞」とある。

四、「知床の動物」・大泰紀之・中川元　編著・一九八八年三月発行　三ページに「奥蘂別川と忠類川を結ぶ線から先を知床半島とする」とある。

五、四の「知床の動物」一六ページの「河川の魚類」の項「糠真布川と古多糠川を結ぶ線から先の部分を知床半島の河川とする」とある。

六、「知床半島の生い立ち」・斜里町知床博物館・

一九八九年三月発行　四〇ページに「峰浜で斜里平野に別れをつげ、半島部に入ります」とある。

七、「知床海岸の花１００」・斜里町知床博物館・一九九一年三月発行　二ページに「知床の半島部、すなわち峰浜から知床岬まで」とある。

専門分野によっていろいろ線引きがされているが、斜里側は峰浜とするのが多い。

「半島」を辞書で引いてみると、「海に向かって、大きく突き出ている陸地」とあり、また、「大部分海に囲まれ、一部で大陸につながる陸地」ともある。知床半島を国土地理院発行の地形図で見ると、薫別、峰浜の地点で大陸につながっている様に見える。

以上の情報を基にして、私個人としては標津町薫別〜海別岳〜斜里町峰浜を結ぶ線から先を「知床半島」と考えたい。国土地理院発行の５万分の１地形図上で直線距離を計ってみると、半島基部の幅は２６・５㎞で、半島の長さは６３・５㎞であった。

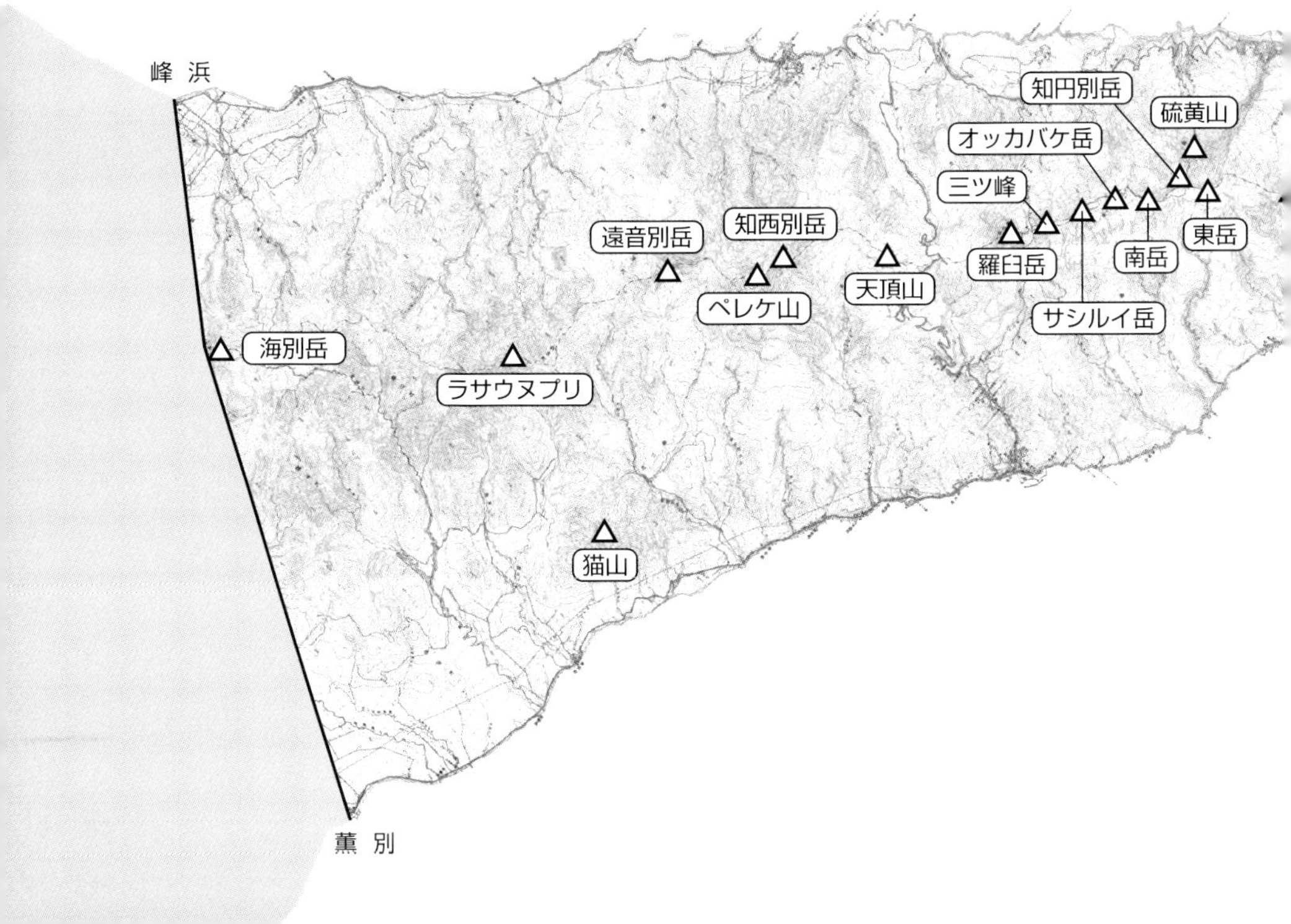

知床岬をめざして羅臼側海岸を行く

ラサウヌプリ北稜の 890 m 峰

遠音別岳ヤセ尾根のハイマツをこぐ

ラサウヌプリの主稜を越えたコルで

大きなクマの足跡

モセカルベツ川　大滝の横を登る

羅臼湖の向こうには北方領土が見える

金山川「黒豹の函」をへつる

オッカバケ川標高 370 m 二股の釜で水浴び

ペレケ川標高 520 mの滝

沢の中のシイタケと筆者

東岳（右）と 1502 m 峰

ケンネベツ川の青い釜と小滝

斜里側海岸の岩の迷路を行く

モイレウシ剣岩を行く

もくじ

はじめに

私の住む網走の海岸に立つと、オホーツク海の彼方に知床半島の山々が連なっているのが見える。山登りを続けるうちに、いつの日か半島の稜線を歩き、知床岬までつないでみたいと思うようになった。しかし、縦走路があるのは羅臼岳から硫黄山の間だけである。情報を得る為に、登山道のない山や沢が紹介された本を何冊か読んでいたが、どの本も知床に関しては部分的で物足りなさを感じていた。そして、知床半島全体の山や沢についての記録が紹介された本が一冊も無いことを知り、それならば自分で実際に歩き、本を作ろうと思うようになった。

社会人山岳会や大学山岳部にも記録はあるのだろうが、ほとんど表にでることはない。私の周りの山岳会でも、以前から秘境知床の記録を発表するのはタブーとする空気が少なからずあった。それは、道のない所へ行く者は地図とコンパスを駆使し、自分自身の判断で行くべきであり、遡行図のような事前の詳しい情報は興味と感動が半減するとの思いがあるのかもしれない。

知床といえば「秘境」と「原生の自然」がうたい文句である。秘境の山として知られていた知床岳にも近年ガイド付きのツアー登山が多くなり、経験者なら迷わずに行ける程に道ができつつある。それでも登山者と会うことは希で、むしろクマに会う確率の方が大きい。私自身4ルートから六回知床岳に登頂しているが、人と会ったのは一度だけであり、他の山域に比べても原生の自然を感じることは多い。これからも秘境と原生を求めて、マイナーな山や沢を目指す人は増えると思われる。

知床は細長く海に囲まれた半島の為、山や沢も大雪山や日高山脈などに比べると規模は小さい。沢についてはポトピラベツ川や知床川を除いては技術的な困難はほとんどない。稜線についても危険な岩稜はほとんどないが、羅臼岳から硫黄山の縦走路を除くと、稜線は背の高いハイマツやブッシュに覆われている。車が通行できる道路が斜里側は知床大橋まで、羅臼側は相泊までである為、アプローチの困難性がある。その先は歩くしかないが、場所によっては泳ぐ所もある。船をチャーターした場合、天候次第ですぐに帰れないこともあり、海岸で何日もビバークした例もある。電話や無線も使えない所が大部分である。また、冬の稜線は半島特有の強風が吹き荒れることが多く、充分な備えと注意が必要である。

本著はガイドブックではない。私と仲間が歩いた記録を紹介したものであり、途中で引き返した記録も載せてある。当然、行動時間も天候状態やメンバーの力量で異なってくる。本著が知床の山行を計画する方に少しでも参考になれば幸いである。そして、自然を愛する者として決してゴミや残飯、様々な人工物を残してはいけない。知床の原生の自然が永遠に残ることを願うものである。

クマについて

北海道にはヒグマという種類のクマが棲息していて、ホッキョクグマに次いで大型のクマである。特に知床半島には高密度で棲息していて、最近の傾向としてクマはあまり人間や車を気にしなくなってきている。観光客のクマの目撃例も随分多いようで、なかには車から降りて菓子やソーセージなどの餌を与えたり、至近距離でビデオや写真を撮っている人もいる。

今まで、知床では人間がクマに襲われたという報道や記録はないが、無人の番屋に侵入して家の中を荒らしたり、冷蔵庫を開けてジュースを飲んだことは随分あり、一九九六年には十四軒の番屋が被害を受けた。今は番屋の周囲に電流牧柵を巡らしているが、外に繋がれていた飼犬がクマに食われたという話を番屋の人から聞いたことがある。

本著の記録の中にも随所にクマとの遭遇が書かれている。単独行の場合、クマに対する不安は計画書が出来た段階から始まっており、家に居ても何日も前から不安である。駐車する所はほとんどが人里離れた林道の場合が多く、まず車を止めた場所でクラクションを鳴らす。車の外に出た時からクマが近くにいると考え、出発準備をしている時にも背後から襲われるのではと警戒する。クマスプレーやナタを携帯し、鈴を鳴らし、ホイッスルを吹きながら、「ホーッ、ホイ」の掛け声を出して進む。

複数の場合は一人が掛け声を出すと、呼応するように次々と仲間が声を出す。特に曲り角で前方の見通しが悪い時は必ず、ホイッスルや掛け声を出すが、川の中では水の音で消されてクマには聞こえていないのではという心配もある。先頭の人の不安はかなりなもので、先頭と二番目では不安の程度が全然違う。クマに対するエネルギーの消耗はかなりあり、クマがいなければ山登りも沢登りももっと楽しいと思うのだが、これは人間の身勝手な考えで、クマの棲息地に人間が侵入しているのだから文句は言えない。

私は単独で沢登りをしている時に恐ろしい経験をした。二〇〇四年の五月三十日に藻琴山《もことやま》のオンネナイ沢で、川の中を歩いている私めがけて、吠えながら尾根の上から降りて来たクマが背後から迫ってきた。クマ研究の専門家は、クマと相対した場合、心を落ち着けてクマの目を見て歌を歌いなさいと言うが、この時は一瞬パニックになり、気がついたら両手に川の石を握っていた。そしてとっさに急斜面の背の高い笹藪の中に身を潜め、音がしないように鈴をザックの中に入れ、二時間かけて笹の急斜面を登り切って難を逃れた。その間クマは川の中で一時間半ずうっと吠えていた。威嚇の声が沢中に大きく響いて恐怖の一時間半だった。

普通、クマは人間が通過するのを草や木の陰から気づかれない様に見ていると思うのだが、このクマの場

知床ルシャのクマ（写真提供・前川公彦さん）

合は違った。私が通過した川の近くに、「土饅頭」と呼ばれる鹿などの貯蔵があったのか、あるいは巣穴が近くにあって子グマがいたのであろうか。本当のことはクマに聞かないとわからないが、この経験以来後遺症が残り、単独で行く気力がしばらく失せてしまった。

私はクマに襲われて食われるのは絶対にいやだが、もし、運悪く食われたとして、その食べ残しをキツネや鳥が食べ、動物達のフンが森や川や海の栄養源となる生態系に少しでも役に立つなら、それもいいではないかという気持ちも心の片隅にはある。

車に乗っていてもクマとの遭遇がある。ある日の午後二時ごろ、車で羅臼町から知床峠に向かう国道を走っている時、羅臼町の郊外にある露天風呂「熊の湯」の前を通り過ぎてすぐに、草藪から大きなクマが車道に飛び出てきた。とっさにハンドルを切ったので衝突は免れたが、しばらく心臓の鼓動が収まらなかった。私の車のすぐ後ろを走っていたバイクの若者はよほど驚いたのか、放心状態の様子で道路の真ん中で止まっていた。運転中でもクマや鹿の飛び出しには注意がいる。

知床に来る観光客はクマを見たいと思っている人が多い。しかし、近くで目撃しても車から降りてクマに近づいたり、餌を与えてはいけない。一度と「ソーセージ」という名の悲劇のクマを作り出してはならない。観光客が安易に餌を与えたクマがその味を求め街の中をうろつく様になり、結局はそのクマを射殺しなければならなくなるからである。それはクマにとっても人間にとっても悲劇である。クマが棲めなくなるような自然は人間への警鐘でもあり、いつまでもクマの棲みかは豊かな森であってほしい。

海別岳〔うなべつだけ〕　一四一九・四メートル

　網走から国道をウトロに向かい、斜里を過ぎると正面になだらかで重量感のある海別岳があらわれる。知床半島を縦走する際の起点あるいは終点の山であるが、現在では登山道が無いため夏期に登る人は希である。なだらかなゆえに、山スキーができる山として以前から人気があり、オホーツク海の流氷を眺めながらの大滑降が楽しめる。下山後は麓にあるウナベツ自然休養村の温泉で汗を流すのもいいだろう。

　アイヌはこの山を「ウナペッヌプリ」と呼び、ウナ・ペッは「灰・川」の意味で、昔、噴火した時に川が火山灰で埋まったという。頂上にある一等三角点の点名は「海別岳」

朱円側から見る

●登り……………6時間30分
●下り……………4時間30分
●メンバー…伊藤正博
土谷匡
阿部幸雄
2001年7月22日

海別川(沢遡行)

昔、この沢に「海別中央コース」という夏道があったが今は廃道になった。車で斜里から朱円東に入り、海別川沿いの林道を行くと橋が落ちているので駐車する。橋が落ちる前まではダムまで車で行けた様だ。

歩き始めてすぐに海別川を渡り、林道を二十分行くとダムに着く。ダムの右岸に古い林道があり、笹を払いながら進み、対岸に渡る橋が落ちている所から入渓する。変化のない単調な沢を行くと、標高530mに4mのナメ滝があり簡単に越える。

640mで沢は大きく左にカーブして涸れ沢状になってくる。810mに涸れ滝があり右岸を巻く。沢も細くなりブッシュを掻き分けながら登るが、蒸し暑くてサウナ状態だ。1200mで沢形は終わりハイマツ帯になる。古いナタ目が残っているが密生状態なので右にトラバースして行くと、ハイマツが無くて歩きやすい草付き斜面に出る。頂上から西に延びる尾根に向かい、急斜面を喘ぎながら登る。稜線に十三種類が色とりどりに咲くお花畑を通り、暑さでフラフラになりながら頂上にたどり着いた。

標高530mのナメ滝

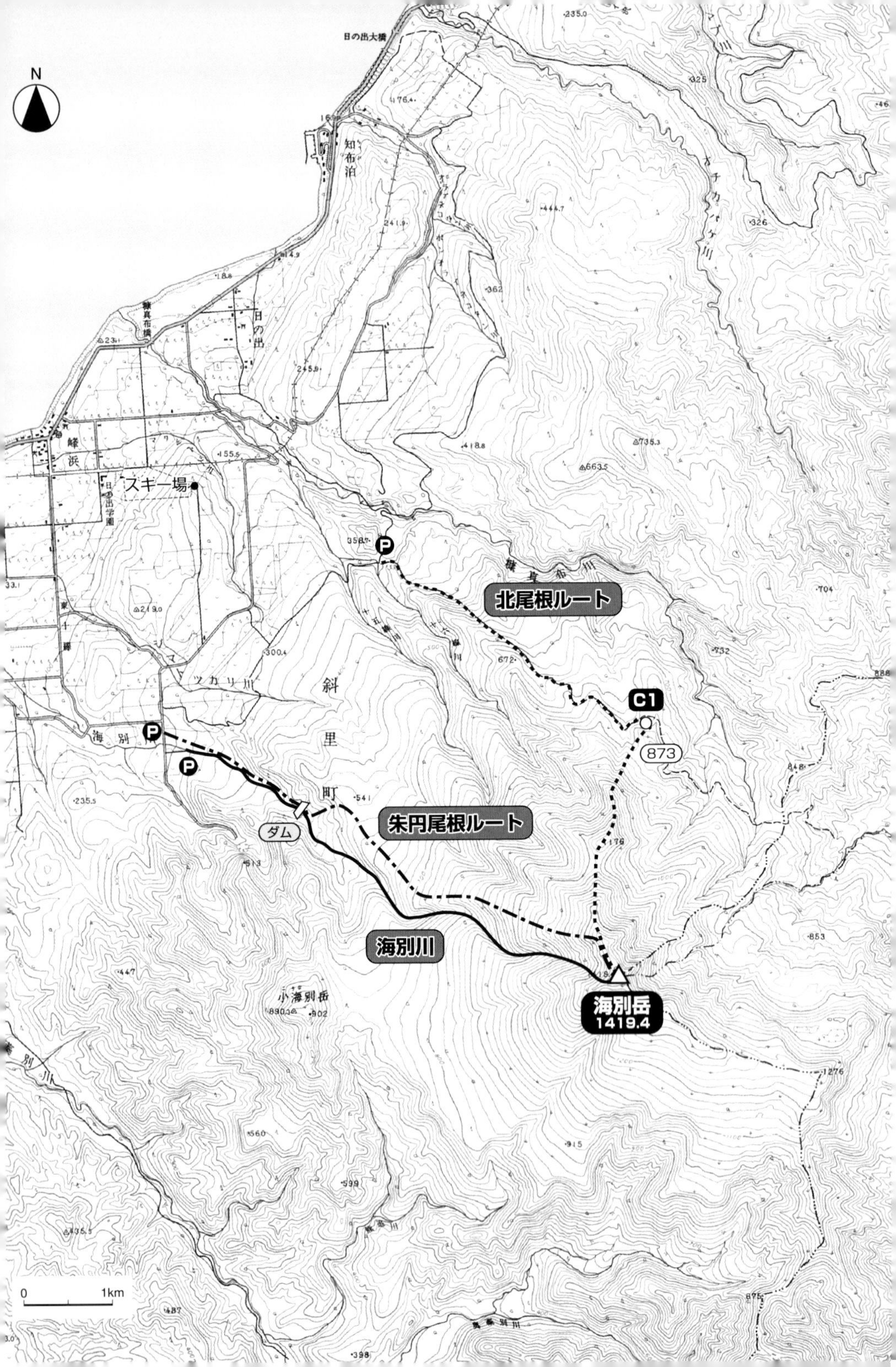
N
日の出大橋
知布泊
日の出
峰浜
スキー場
日の出学園
オチカバケ川
ツカリ川
海別川
北尾根ルート
C1
873
斜
里
町
朱円尾根ルート
ダム
海別川
海別岳
1419.4
小海別岳
0
1km

●登り……………5時間00分
●下り……………2時間30分
●メンバー…上村榮一
水野明子
伊藤正博
1999年4月4日

朱円《しゅえん》尾根ルート（積雪期）

朱円の語源は「シュマトカリ」で、最初は「島戸狩」の漢字を当てていたが、いつからかシュに朱を、マトカに円《まどか》の字を当てて朱円になった。シュマトカリ川は「石の手前の川」という意味で、この川を境にして斜里方面は砂浜、ウトロ方面は石の浜なのでそう呼ばれた。川に昔の名前が残っている。

昔の資料には、峰浜スキー場から登る尾根が「冬コース」として記載されているが、距離が長いために、今ではその尾根は使われなくなった。

車の中で、水野さんのお父さんが六十年前の一九三九年二月に五人パーティーで海別岳に登った話を聞く。――斜里駅前から馬橇《ばそり》二台に装具を積んで出発し、暗闇の

ハイマツ帯の広い尾根を行く

中で橇が流氷に乗り上げてひっくり返ったりしながら進み、シュマトカリ駅逓のランプの下で毛布に包まって夜を過ごし、翌日好天に恵まれ頂上に達したという。

斜里から朱円東に入り、除雪されている林道を走りT字路で駐車する。以前はT字路から直進して尾根に取付いたものだが、今は海別川のダムまで林道を利用する人が多い。ダムを過ぎてから登りやすい沢を選んで左の尾根に上がる。樹林の中を行くと標高800mで森林限界となり、天気が急に悪くなってきた。積雪が少なくハイマツの枝が出ている。広い尾根を登ると傾斜がだんだんきつくなり、1155mでスキーをデポする。アイゼンを装着しルート旗を立てながら進む。稜線に出て1390mのニセピークまで来ると、海からの風が強さを増し視界が悪くなる。水野さんのお父さんも六十年前にここを通ったことを思うと感慨深いものがある。やがて、なだらかな頂上に到着したが息が出来ないほど風が強く、残念ながら展望も無かった。

下山して振り返ると、天気は回復し青空にくっきりと純白の海別岳があった。

●C1～頂上 ………3時間30分

●メンバー…土谷　匡
伊藤　正博
金　久美子
有賀　文隆

1996年4月20日～21日

北尾根ルート（積雪期）

峰浜神社から舗装された道路を走り、橋の手前の二股を右に行き畑の脇に駐車する。スキーで畑を通り、十五線川を越えると砕石場跡地に出る。旧鉱山道路を四時間程進み標高800mでテントを張る。すぐ後ろには873mのなだらかな小ピークがある。873mPから見る海別岳の東斜面は急角度で落ちていて、朱円側から見るなだらかで女性的な山容に比べ男性的である。

翌日、アイゼン、ピッケルを装着し、頂上から北に延びる尾根に取付く。標高差250mの急斜面を登り尾根に上がる。濃いガスで視界が無い中を、1176mPから1310mP、1390mPのアップダウンを通り頂上に着いたが視界が全く無い。帰りもホワイトアウトの中をルート旗を頼りにC1に戻った。

●入渓~C1 ………8時間45分
●メンバー…伊藤　正　博
小林　久美子
前川　公　彦
長屋　栄　一
2004年10月2日~3日

北東面を見る

植別《うえべつ》川(沢遡行)

植別の語源はアイヌ語の「ウエン・ペッ」で「悪い・川」の意味である。この川の峡谷には函が連続していて、歩きにくい悪場が続くのでそう呼ばれた。(「北海道地名誌」より)

下山予定の旧砕石場に車をデポし、根北《こんぽく》峠を越えて植別川に向かう。羅臼側の崎無異《さきむい》にある「植別橋」を渡ってすぐに左折する。林道を走り、標高120mにある「ウナベツ橋」に駐車する。

川へ降りる踏み跡があり、釣り人が結構入っている様だ。川幅は広く、ゆったりした流れが函の中を蛇行している。1㎞位進むと両岸が狭まり、流れも急になって核心部分

緊張するへつりが続く函

の始まりを予感させる。

磨かれた側壁を慎重にへつりながら進むと、やがて地形図の滝マークの所に出る。滝というよりも急流が斜めに段差を落ちている様子で、通過は困難である。右岸の急な泥壁と草付きを慎重に登ると、木の根元にチェーンが付いていたが古過ぎて使えない。さらに登ると固定ロープが下がっている。木の根に掴まりながら上がり、笹の中をトラバースすると川への降り口にも固定ロープがあり、それを利用して川に戻る。緊張するへつりを続けて行くと、また先程と同じ様な低い滝があり、再び右岸を高巻く。

川に戻っても厳しいへつりが続き、手がかりのない側壁で前に進めなくなり、ロープを出して左岸から右岸に徒渉することにする。急流の水中に平均台の様な岩があり、微妙なバランスでじわじわ進むが、平均台から落ちると流される危険がある。何とか渡り終えたが、緊張を解く暇もなく深く青い淵の横をさらに緊張したへつりが続く。

左岸から川に丸く出っ張った大岩のへつりは水中に

スタンスがあり、容易に通過できる。へつりを続けながら函を抜けると、やがて明るく開けた170m二股に出て休憩する。函の核心部分で三時間かかり、「ウエンペッ」を全身で感じた。

170m二股からは沢も単調になり、じきに240m二股に着いた。右股はラサウヌプリへ行く沢である。左股を進み、小さな函やナメ床を過ぎ、標高415mで二十分の釣りをする。金魚鉢の中の魚を釣る様に、四人交代で一人一匹ずつ自分の食べる魚を釣る。私が釣ったイワナの体長は25cmもあった。焚火で焼く魚を想像しながら進んで行くと、温泉の臭いがして川の水も白くなってくる。470m二股に着くと、左股の川の水が白いので、左股から温泉が流れ出ているのが分かる。

右股を進んで行き、川が左に屈曲した所を過ぎた標高540mの河原でテントを設営する。砂が平らに堆積していて、薪があり、今晩は増水の心配もない。すぐに焚火を起こし、串に刺した魚を遠火で焼く。今晩のメニューは赤飯とギョウザ入り野菜スープだという。酒がすすみ、楽しい植別川の夜は更けていった。

●C1～旧砕石場 …5時間35分

朝食を済ませ、テントを撤収して出発する。5分も進むと温泉の臭いがして川が白くなってくる。テント場の川は真水だったのが不思議である。すぐに590m二股となり、右股から温泉が流れてきている。地形図には右股のすぐ近くまで旧鉱山道路が記入されている。今は廃道だが、昔の地形図には温泉の記号が記入されていたと聞いたことがある。鉱物採掘時には建物があったというが現在はどうなっているのだろうか。時々、温

上流部にある８ｍの滝

泉を捜しに行く人がいるらしいが、なかなか辿り着けないらしい。５９０ｍ二股から左股を進むと８ｍの滝が現れ、植別川では初めての滝らしい滝である。

　やがて、７００ｍ三股に出て、慎重に検討して右股を確認する。右股に入ると沢は細くなり、両岸は黄色い土壁が続く。沢は傾斜が出てきて滝の連続となり、２０ｍのナメ滝を快適に登って行く。

やがて沢は標高８６０ｍで国境尾根に最も近づき、簡単に尾根を乗っ越す。尾根上から観る紅葉が美しい。少し下ると沢形に入り、快適に下って行くと糠真布川五の沢に合流する。五の沢を下り、旧鉱山道路を歩いて車をデポした旧砕石場に下山した。

●国境尾根～旧砕石場……………3時間15分
●メンバー…伊藤　正博
小林　久美子
前川　公彦
長屋　栄一
2004年10月3日

糠真布《ぬかまっぷ》川五の沢（沢下降）

糠真布の語源は「ノッカマップ」で、「原野にある者（川）」の意味。

羅臼側から植別川を遡行し、標高８６０ｍで国境尾根を乗っ越して斜里側の糠真布川五の沢に入る。沢を下るとじきに旧鉱山道路と出合い、分岐には赤テープが付いている。五の沢は昔から海別岳に登る夏のルートとして知られていて、沢の入り口から二時間半程で頂上に立てるという。鉱山道路は昭和十六年頃に網走町の安藤与介という人が、東朱円（現在の峰浜）から１２㎞の自動車道路を自費で開削し、褐鉄鉱を採掘する海別鉱山を起こしたが、採算がとれないのと資金難とによって閉鎖したという。

その後、昭和二十五年に「極東硫黄鉱業株式会社」が安藤から譲り受け、鐘紡の資本で創業したが鉱毒問題が起きて部落民との間に対立を生じ、ついにこれも中止となった。旧鉱山道路は今でもはっきりしていて、笹が邪魔をして歩きにくい所も多いが、赤テープが付いているので迷うことはない。下りの途中、北西の正面に見える端正な三角の山は８７３ｍ峰で、その下をトラバースして行くと道も歩き易くなる。五の沢の入り口から二時間十二分で車をデポした旧砕石場に下山した。

N
斜里町
羅臼町
春苅古丹川
猫山
陸志別川
植別川
ハコ
峯浜町
植別川
崎無異
標津町
丸山

旧砕石場
糠真布川
旧鉱山道路
糠真布川五の沢
五の沢
C1
海別岳
1419.4
植別川
羅臼町
標津町
梅峰川
0
1km

●出発～C１………9時間20分
●メンバー…伊　藤　正　博
　　　　　　土　谷　　匡
2000年5月5日～7日

海別岳～遠音別岳（残雪期縦走）

五月連休の知床は稜線のハイマツが出て縦走は困難になるのが通常である。ここの縦走には最低三～四日が必要になるので、社会人の場合、積雪期と休日がなかなか一致しない為に実施するのは難しい。しかし、今回は四月二十九日から三十日にかけて季節はずれの大雪が降り、縦走のチャンスが訪れた。

峰浜神社から車で入り、橋の手前から右の林道を走り、畑の牧草地からスキーで出発する。十五線川を渡り、旧砕石場を過ぎると大きなクマの足跡が続く。ホイッスルを吹きながらスノーモビルのわだちが残る旧鉱山道路を行く。4km程進み、873mPの下から鉱山道路を離れ、曲がりくねった廊下状を糠真布川に快適に滑り下りて行く。沢から緩斜面を登り待望の国境稜線に出る。快晴の中、オホーツク海と根室海峡が見える。

901mPはハイマツが出ているので羅臼側を大きく迂回し、次の888mPは斜里側を巻

C１から見る遠音別岳（左）とラサウヌプリ（右）

いてダケカンバのひどいブッシュを下降する。

計画では金山川上流の大滝沢源頭までの予定だったが、２・５㎞手前でＣ１とした。雪のブロック積みを終え、あまりの天気の良さにカメラを手にテントの周りを歩き回る。ここからは海別岳、ラサウヌプリと遠音別岳が見えて、展望の良い場所である。

●Ｃ１〜Ｃ２……10時間00分

朝起きると、羅臼側の海上をガスが埋め尽くしたが、クナシリ島の爺爺岳《ちゃちゃ》は雲海の上に頭を出している。

五時三十分、Ｃ１からクラストした緩斜面を慎重に滑り出す。純白の８５６ｍＰが朝日を浴びてまぶしい。ハイマツを避けて、稜線の右、左とルートをとりながら、快適な滑走や雪庇の階段登降をしてラサウヌプリの基部に着いた。

ラサウヌプリ越えは今日一番の難所である。シートラーゲンでアイゼンをつけ、標高差３６０ｍのラサウヌプリ南西尾根左側の急斜面に取り付く。沢状の斜面の所々にダケカンバの小木があり安心感がある。岩峰の間を抜けると、雪面が胸につかえる程急斜面であったが、３時間かけて北西尾根の９５０ｍ肩に上

Ｃ２から見るラサウヌプリ北綾の岩峰

がる。

　昨年にラサウヌプリの頂上を踏んでいるので、頂上直下の左側をトラバースしてブッシュの急斜面を下る。９６３ｍＰの幅３ｍほどの細長い稜線の廊下は羅臼側に４５０ｍ、ウトロ側に３６０ｍ落ち込んでいる。廊下は何とか滑り降りたが、コルまではひどいブッシュの急斜面なので、スキーを手に持ち標高差１００ｍを下る。

　７５０ｍコルに着き、この先テント場があるかどうかもわからないのでＣ２とする。ここは素晴らしい展望台だ。眼下にオンネベツ川の源頭があり、岩峰群が目の前に並ん

遠音別岳の斜面にハイマツが広がる

でいる。無名の８９０ｍの鋭峰が、ひときわ高く天を突いて聳えているのは迫力がある。

●Ｃ２〜孵化場……13時間10分

翌朝五時二十分、コルからすぐに７７２ｍＰの尾根に取り付く。ハイマツを避けて稜線を行くと岩峰が続いていて、登るのは難しそうだ。岩峰の直下をトラバースし、オンネベツ川の支流が深く入り込んでいる急な雪壁を慎重に降りる。やがて、オンネベツ川と陸志別川のコルに着く。これでラサウヌプリの主稜線の下降は終わり、なだらかな６９１ｍＰの左肩を通り、遠音別岳に向かって進路を北方向に変える。ショートカットのため国境稜線から外れ、大谷川上流の沢の廊下を快適に滑降していく。シュプールと大きなクマの足跡が重なり、曲がり角でクマとぶつかる様な気持ちがして滑降を止める。ここからきつい斜面を登り、林の中をトラバースして７６５ｍＰの先のコルに到着。遠音別岳までは直線距離で１・５㎞の地点だが、ここから先はハイマツの海が広がり、突破する気力を失う。ルートを変更し、ポンオンネベツ川に向かって下り、森林帯から雪渓をたどって稜線に上がろうと考えた。支流の徒渉場所を探しているうちに下り過ぎてしまい、時間だけが経過していった。下山予定の十五時をすでに一時間も過ぎている。遠音別岳の頂上に行くには時間的に無理であり、このまま下山することにする。昔の記憶をたどりポンオンネベツ川の真鯉《まこい》林道を下ることにした。支流の壊れた橋にぶつかり、廃道になっている林道に出ることができた。林道は何カ所も土砂崩れで寸断され、ビバークの文字が頭をかすめる。何体もの鹿の死骸が転がる荒廃した林道をスキーを担いで歩き、十八時三十分、オンネベツ川の鮭の孵化場に着いたが、もう真っ暗になっていた。

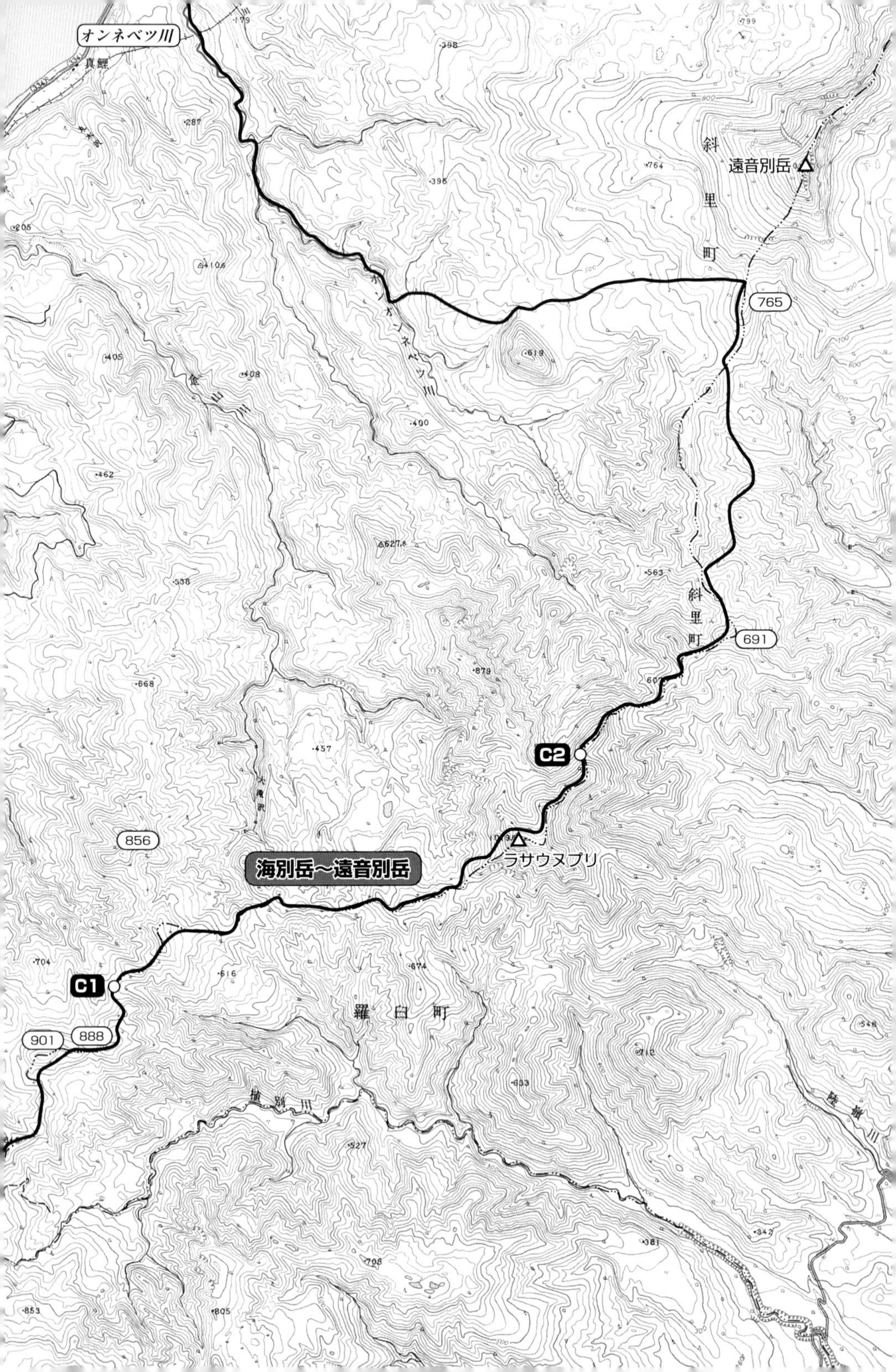

オンネベツ川
真鯉
遠音別岳
斜里町
765
オンネベツ川
金山川
斜里町
691
C2
ラサウヌプリ
856
海別岳〜遠音別岳
C1
901
888
羅臼町
植別川
陸志別川

N
真鯉
日の出大橋
知布泊
糠真布橋
日の出
峰浜
スキー場
日の出学園
糠真布川
斜里町
海別川
ツカリ川
朱円東
873
P
0
1km
海別岳
1419.4
735.3
663.5
444.7
418.8
358.7
300.4
235.0
241.9
245.9
176.4
155.5
219.0
235.5
124.0
672
541
513
763
1176

ラサウヌプリ〔らさうぬぷり〕　一〇一九・六メートル

　海別岳と遠音別岳の中間に位置する国境稜線上の山で、海別岳側から見ると、１０００mの山とは思えないほど堂々として迫力がある。縦走する際に頂上を踏めるが、縦走するパーティーも希である。国土地理院発行の地形図に山名は記されていないが、以前からいろいろな本や資料に山名が記されている。平成十六年発行の「日本山名事典」（三省堂）にも掲載されていなかったが、三省堂出版部に手紙を出したら、改訂版に掲載されることになった。いつか、国土地理院の地形図にも山名が記されることを期待している。

　ラサウはアイヌ語と思われるが、語源も意味もわからない。

　頂上にある三等三角点の点名は「奥遠音《おくおんね》別《べつ》」

南西尾根基部から

●基部～950m肩　………3時間00分
●メンバー…伊藤正博
　　　　　　土谷匡
2000年5月6日

南西尾根ルート（残雪期）

　海別岳方向から国境稜線を縦走し、途中で一泊する。ラサウヌプリ南西尾根の基部に立ち、登るルートを検討する。頂上に続く主尾根は途中から急な岩壁があり登れそうもないが、すぐ左側の沢形が950mの肩まで続いているので、そこをルートに選ぶ。シートラーゲンでアイゼンを装着し、標高差360mの急斜面を登る。雪面に所々ダケカンバの小枝が出ていて安心感がある。だんだん急になり、両岸の岩峰を横目に暑さに喘ぎながら一歩一歩登る。振り返ると、遠くに海別岳と歩いて来た国境稜線の全貌が見渡せる。やがて、北西尾根の950m肩に着いた。頂上は昨年に踏んでいるので、頂上の左側をトラバースして遠音別岳方向に向かう。

岩峰の間の急斜面を登る

●登り……５時間35分
●下り……３時間30分
●メンバー…伊藤正博
阿部幸雄
2003年9月28日

陸志別《りくしべつ》川（沢遡行）

陸志別の語源は「ルクシペッ」で、「道・通っている・所の・川」の意味。

根北峠経由で崎無異の植別橋を渡り、すぐに左折して陸志別川沿いの標高２００ｍの林道終点に駐車する。人が歩ける程度の林道を十分程進み、入渓してテープを付ける。岩盤が多い川で、川幅いっぱいの小滝とナメ床が交互に出てきて楽しめる。非常に珍しい噴水もあり、自然の造形に驚く。

ちょうど一時間で、川が右に屈曲する標高２６５ｍの小滝で休憩する。赤や黄の紅葉が滝に映えて美しい。その後ナメ床と小滝が続き２８０ｍ二股となる。左股を進むとすぐに二股となり右股を行く。前方に岩の崖が見えて滝が何段にも落ちている。これ程の崖が地図に記入されていない。崖を偵察に行くことにする。標高４７０ｍの右岸から落ちる５ｍの滝を過ぎると狭い函が続き、チョックストーンの滝で進めなくなる。その上の岩壁には何段もの滝が見えている。

戻ることにして、先程の右岸５ｍの滝を過ぎた所に幅１ｍ程の涸れ沢があり、東尾根を目指して登って行く。石の階段が標高６４０ｍまで続いて登り易い。沢の終了点からテープを付けながら東尾根の標高７４０ｍに上がる。ここからは急斜面にハイマツとブッシュがラサウヌ

標高 265 m の小滝

プリの肩まで密生していて、辛く苦しい登りが続く。肩から頂上までは所々に古い刈分けがあり、鮮やかな紅葉を楽しみながら行く。標高７４０ｍから二時間のブッシュの格闘で三角点のある狭い頂上に着いた。海別岳と遠音別岳の展望も良く、二つの海も同時に見ることができる。

●登り……………５時間50分
●下り……………４時間00分
●メンバー…武田　榮
土谷　匡
上村榮一
伊藤正博
1999年5月2日〜3日

陸嶺《りくりょう》川左岸尾根ルート（残雪期）

陸志別川の左股の川である。

根北峠経由で羅臼町崎無異の植別橋を渡り、すぐに左折して陸嶺川沿いの標高１６０ｍの林道終点に駐車する。工事の為に林道が除雪されていたのは幸いであった。両手にスキーのストックを持ち、つぼ足で出発する。右岸の荒れた林道跡を行くと採石場跡があり、やがて林道跡も消える。

３㎞程進んだ辺りで陸嶺川のスノーブリッジを渡り、左岸の３４３ｍ地点の尾根に取り付く。ラサウヌプリ東尾根の６８０ｍＰコルを目指して雪面を登る。コルから次の７５２ｍＰの下をトラバースしてコルに到着。

900 m コルで。上はハイマツが出ている

今回はラサウヌプリ～遠音別岳～愛山荘の縦走の計画だったが、ここから遠音別岳へのルートを見ると、大部分にハイマツが出ている為、計画を中止してラサウヌプリ単峰の登山に変更する。荷物をデポして広い沢状の雪面を登り、南東尾根900mコルに上がる。ここからは海別岳が良く見える。尾根上のハイマツを一時間程漕いで狭い頂上に着いた。

大休止の後、752mPコルに戻り、イグルー作りをして遊び、テント泊した。翌朝、テントの横を大きなクマの足跡が横切っていることに気づいた。林道が除雪されていれば日帰りは可能である。

●登り……………4時間00分
●下り……………2時間50分
●メンバー…伊藤正博
及川祥光
前川公彦
2004年6月13日

オチカバケ川～856m峰（沢遡行）

羅臼側にオッカバケ川があり、斜里側の日の出にオチカバケ川がある。どちらも語源は「オチカペワキ」で、「そこに・鳥が・住んでいる・所」の意味であるが、ここの河口の辺りに鷲の巣があったことに因るという。

856m峰はオチカバケ川の源頭にある山であるが、国境稜線から1㎞斜里側に外れているのと、山名も三角点も無いので登る人もいないと思われる。

斜里からウトロ方向に向かい、日の出大橋を過ぎてオチカバケ川河口から林道に入る。3㎞程走り、先日偵察してあった地形図に載っていない林道に入る。林道途中から856m峰が垣間見えて、鷲が羽を広げている様に見える。橋が落ちている標高230mの所で駐車するが、この先にも林道は続いている。

林道から見る856ｍ峰

駐車地点から枝沢を降りていくと、じきにオチカバケ川本流に出合う。本流を進むと左岸から５０ｍ程の滝が落ちていて、水量はさほどでもないが見応えがある。蛇行した川が続き、徒渉と鹿道歩きを繰返しながら最短距離を進んで行く。

左岸に５ｍの滝を見ながら行くと、本流に５ｍ二条の滝が現れ、左岸を簡単に巻いて３００ｍ二股となる。右股の本流を行くと、左岸から５ｍ、１５ｍの滝が連続して落ちている。標高３３０ｍで川は左に屈曲し、右岸から細い滝が落ちている辺りから、シラネアオイの花がたくさん咲いている。すぐに右岸から４０ｍ程の斜め滝が落ちていて、ここが標高３５０ｍにある北西沢の出合である。階段状の滝を慎重に登り、シラネアオイとリュウキンカの花が咲く斜度のある川を遡っていく。標高６５０ｍから細くなった沢に雪渓が続き、右岸のチシマザクラを見ながら雪面を登る。やがて、藪漕ぎなしで８２０ｍ左コルに上がる。

コルから左折し、稜線のハイマツを漕いで３０ｍ登ると頂上に着いた(沢の上部から直接頂上に上がる方が、ハイマツを漕がなくてすむ)。落雷の為だろうか、ハイマツが枯れていて八畳程の広場になっている。人が登った形跡はなかった。あいにくガスに覆われて展望は無く、ラサウヌプリを眺めるのを楽しみにしていたが残念であった。遮るものは何もないので、晴れていると、海別岳、ラサウヌプリ、ラサウの牙、遠音別岳の展望台と思われる。

北西沢出合の斜め滝

陸志別川
ラサウヌプリ
1019.6
C1
P
陸嶺川左岸尾根ルート
陸嶺川
P
陸志別川
斜里町
羅臼町
猫山
大谷川
春苅古丹川
ポン春苅古丹川
植別川

N
金山川〜ラサウ沼
金山川
ラサウ沼
オチカバケ川
オチカバケ川〜856m峰
856
南西尾根ルート
真鯉
知布泊
日の出大橋
海別岳
斜里町
標津町
羅臼
0
1km

●登り……………6時間08分
●下り……………5時間35分
●メンバー…伊藤正博
前川公彦
青木玲子
2004年9月26日

金山川《かなやま》〜ラサウ沼(沢遡行)

金山川をアイヌはオクルヌシといい、語源の「オ・クルニ・ウシ・イ」は「そこに・ヤマナラシの木が・群生している・所」の意味。また、「チウェ・ルイ・ペッ」ともいわれ、「流れが・急な・川」の意味である。

斜里からウトロに向かう途中、真鯉《まこい》という所にある川が金山川である。車で金山川の鹿除けゲートを入ると道路がある。途中で山側に行く道と川沿いを行く道に分かれるが、左の川沿いの道に入りダム横の道路終点に駐車する。この川には河口から大小三十基の砂防ダムが連なり、金山川が泣いている様で怒りが込み上げてくる。

知床半島のサクラマスは絶滅寸前の状態で、知床が世界自然遺産に推薦(二〇〇五年七月登録)されたが、このダムを見ると首を傾げたくなる。入渓して進み、魚も動物も人間も越えることのできない大きな最終の二つのダムを苦労して高巻きすると、地図に載っていない立派な道路がダムの上にあった。山側に行く道を事前に偵察していなかったのが悔やまれる。

最終ダムの右岸の大きなガレ記号の崖は人為的なものではなく、自然にこうなったと思われるが、自然の造形には驚かされる。沢を進んで行くと両岸が狭まり函となる。側壁が黒く磨かれた「黒豹の函」の中は流れが急で、緊張するへつりがしばらく続く。

函を無事に抜けると沢が開け、しばらく進むと220m二股となる。左股は小滝となっている。右股を進んで行くと函の中にナメ床があるが、流れが早いので右岸をへつって通過する。

やがて、右岸の崖の地層の中に恐竜の卵の様な石が埋まっている所がある。直径50～100㎝位の卵状の石で、ほとんどが三分の一程地層から露出しているが、今にも崖から落ちそうな物もあり、河原にも落ちた卵石が転がっている。不思議な光景である。広い河原を行くと280m二股で、右股は「大滝沢」となっているが左股を進む。325m二股から右股に入り、大岩の中の小滝や階段状のナメ滝を快適に通過する。標高440mで豪快な10mの滝が真っ直ぐに落ちていて、直登は不可能なので左岸を高巻く。高巻きの途中に、北東方向の雲の中に「ラサウの牙」と呼ばれる岩塔や、すぐ近くには820mの岩峰が見える。

上の地層から落ちた〝卵〟

沢に戻ると４９０ｍ三股で、細い右股に入り沼に向かう。クマよけの声を出しながら進み、細く蛇行した流れを辿って行くと、ついに待望の沼に出た。細いトンネルの様な沢から、陽光きらめく明るい沼に飛び出る嬉しさは格別である。三人から喜びの声が出る。今までこの沼を見た人はいるのだろうか。三人共いい笑顔で、もう二度と来ることのないラサウ沼を背景に写真に収まった。

下りは、疲れた頃に「黒豹の函」を再び緊張しながら通過し、最終ダムから立派な車道に上がる。車道を一時間歩いて駐車地点に下山したが、短い秋の日はすっかり暮れていた。

標高 440 m の豪快な滝

猫山〔ねこやま〕　五五三・三メートル

羅臼の幌萌町の海岸から3㎞程西にある山である。

2万5千分の1地形図に名が載っているがほとんど知られていない。猫山の名の由来は不明である。茶志別橋から眺めると二つの耳がある猫の顔の様に見えるので名付けられたのか、アイヌ語の「ナィ・コッ」（水の涸れた沢、水の無い沢の意味）に漢字を当てたのだろうか。

茶志別川源頭にある山なので二等三角点の点名は「茶志別《ちゃしべつ》」で、語源は「チャシウシペッ」で、「砦のある川」の意味である。

茶志別橋から見る

●登り…………２時間20分
●下り…………１時間20分
●メンバー…伊　藤　正　博
２００３年11月15日

西南の沢（沢遡行）

この沢に名前は無いが陸志別川の枝沢である。根北峠から古多糠《こたぬか》を通り、植別橋を渡ってすぐに左折して林道を走る。標高１３０ｍで陸志別川の橋を渡り、林道の脇に駐車して入渓する。

沢登りといっても登山靴に下半身は雨具、ロングスパッツのスタイルである。川幅２ｍ位で水深は足首程だが石が非常に滑る。３８６ｍＰを左に見ながら進んで行く。やがて川幅は１ｍ位になり、ナメ床が続くようになるが岩盤が滑るので脇を登って行く。３３０ｍ二股で休憩。

右股は４８２ｍＰに向かっている。左股に入ると、傾斜のあるナメ床が上部まで続く。今はチョロチョロの水量だが、春は水量も多いので１００ｍ位のナメ滝が想像される。２ｍの黒い滝を越えると水が涸れて源頭となる。猫山と４８２ｍＰのコルを目指し、笹の斜面を木の枝にテープを付けながら進むが、笹が深くて辛い登りが続く。

やがてコルに出て一息入れる。南の尾根を猫山に向かうと屏風岩が現れる。岩壁の下でルートを探すと、左に踏み跡があるので辿って行く。岩壁の角を曲がると視界が開け、ラサウヌプリの迫力ある全貌が目に飛び込んできた。海別岳から縦走すると姿の良いラサウヌプリを見ることができるが、羅臼側からのラサウヌプリは魅力のない容姿ばかり見せていた。しかし、ここから見るラサウヌプリはとても新鮮で、ラサウの牙も連なり見応えがある。

足元の枯れたハイマツに鋸目があり、屏風岩の裏に踏み跡があるので登って行く。岩壁の上に出ると頂上が近くに見え、笹の斜面を登ると頂上に着いた。三角点を探したが深い笹原で見つけることができない。すっかり葉の落ちた樹間から、遠音別岳と知西別岳が雪を被って大きく見える。海の方を眺めると、クナシリ島と赤い茶志別橋が見えて、車の走る音がここまで聞こえた。

細い川を行く

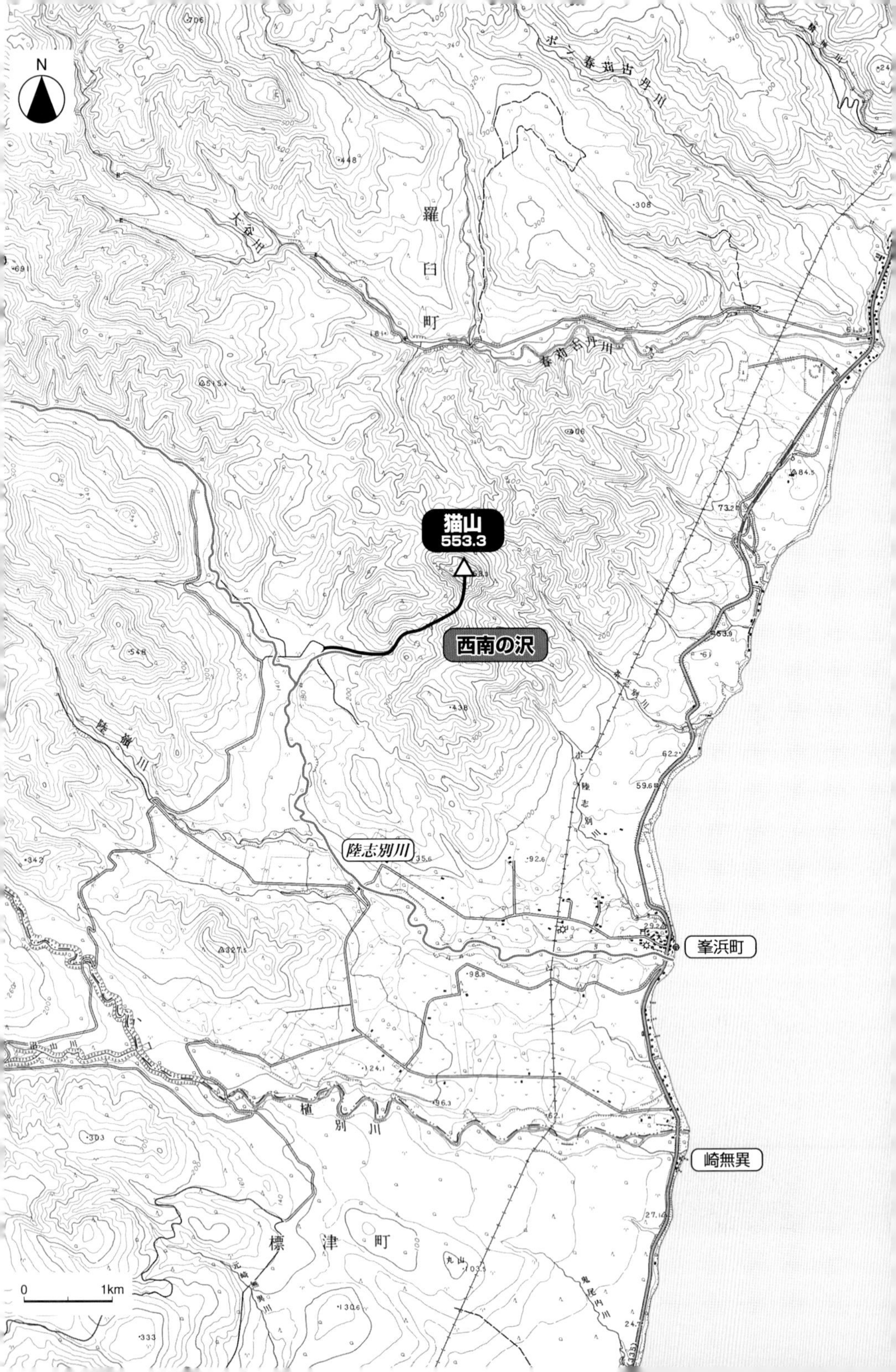
N
猫山
553.3
西南の沢
陸志別川
峯浜町
崎無異
羅臼町
標津町
春苅古丹川
植別川
0
1km

遠音別岳〔おんねべつだけ〕　一三三〇・五メートル

　オシンコシンの滝の南東8㎞に位置する山である。滝の上にあるホテルの前からはなだらかな山容が見られるが、羅臼側の春日町からは頂上から深く切れ落ちた迫力ある崖を見ることができる。頂上から北東に長いヤセ尾根があり、かつてはお椀を伏せた様な山容であったのが、斜里側斜面の巨大崩壊や羅臼側斜面の巨大地すべりによって、山容がいちじるしく変化してヤセ尾根ができた。崩壊地や地すべり地内には大小の湖沼が点在し、鳥や動物の憩いの場になっており、全国に五カ所しかない「原生自然環境保全地域」に指定されている。

　また、道東地方には珍しいシラネアオイの群落や、南岳から硫黄山にしかないとされているシレトコスミレの群落がある貴重な環境でもある。

　遠音別の語源は「オンネ・ペッ」で、「年老いた・川」、「親の・川」の意味である。

　頂上にある一等三角点の点名は「遠音別岳」

ペレケ山付近から見る

●登り……………6時間30分
●下り……………4時間10分
●メンバー…田島康雅
伊藤健司
土谷匡
上村榮一
金久美子
中村恭子
伊藤正博
1996年5月5日〜6日

チャラッセナイ林道ルート(残雪期)

「チャラッセ・ナイ」は「滝になってすべり落ちる・川」の意味で、オシンコシンの滝となって落ちている。

オペケプ川の手前にある林道が入口である。林道を車で走り、やがて雪で進めなくなりチャラッセナイ川に沿った林道で駐車する。スキーで出発し、かなり奥まで林道を進み、複雑な地形の中に湧水の池がある所でテントの設営をする。

設営後出発し、ホワイトアウトの為リングワンデルングしたが、突然ガスが晴れて全景が見える。遠音別湖の凍った湖面を渡り北西尾根に上がる。標高850mでスキーをデポし、だんだんきつくなる斜面を登ると頂上に着いた。頂上は狭く、羅臼側に垂直に何百mも落ちているので雪庇に注意が必要である。

北西尾根標高800m付近

テントに戻り、一泊してゆっくり過ごした。

●登り……………4時間45分
●下り……………3時間25分
●メンバー…児玉保則
及川祥光
記録 小林久美子
2002年3月31日

オペケプ川左岸尾根ルート(積雪期)

「オ・ペ・ケ・プ」は「そこで・船にしみこむ水を・掻き出した・所」の意味。

尾根をつないで遠音別岳頂上から延びる北西尾根とを結ぶルートである。国道334号からすぐにオペケプ川左岸の尾根に取付く。2万5千分の1地形図の182mP、252mP、341mP、319mPを通り、北西尾根末端の標高500mの急斜面を右から巻くように登る。700mで森林限界となり、850mでスキーをデポする。デポから一時間程で頂上に着く。曲がりくねった林道を行くよりも、ほぼ直線で進めるこの尾根ルートは時間の短縮となり、日帰りのルートである(雪の状態やメンバーで行動時間は違いがある)。

●登り……………11時間30分
●下り……………10時間00分
●メンバー…伊藤正博
上村榮一
上島信彦
近大輔
1999年10月9日~10日

フンベ川(沢遡行)

語源は「フンペ・オマ・ペッ」で、「鯨・入る・川」の意味である。

ウトロ高原からフンベ川に入渓する。秋の水量の少ない単調な沢を進み、標高380m辺りから小規模なナメ床が続く。570m二股は本流の右俣を行く。地形図ではこの辺りで水線が無くなるが、実際には標高900mまで水の流れがある。細い流れを行くと670m二股となり、右俣の奥には10m程の滝が見えている。左俣に入ると4mの滝があり、簡単に越える。標高750mにゴルジュがあり、行き止まりの様に見えるが、

下流部を行く

崖と崖の間に細いルートがあり進むことができる。斜度のある小滝を登ると通過が困難な所があり、右岸の草付きをロープを出して高巻く。

川に戻ると30mのナメ滝が現れ快適に通過する。900m二股を左に入り、水の涸れた源頭の細い沢を稜線のコルに向かう。ザレた急斜面を登ると標高1050mのザレたコルで、C1とする。ここは、遠音別岳の屹立した頂上とヤセ尾根のルートが見渡せる良い場所である。

翌朝、頂上を目指し出発するとすぐにハイマツ漕ぎが始まる。古い刈分けがあるが夏期には来る人などいないのか、ハイマツの枝が伸びていて苦労させられる。背丈を越す強烈なハイマツを三時間半漕いで頂上に着いた。

●登山口～１１７０ｍＰ
登り　…………11時間00分
●下り　…………10時間00分
●メンバー…栗原　明
伊藤正博
1999年6月5日～6日

羅臼湖ルート（夏期）

羅臼湖から知西別岳までは「知西別岳」の項参照。

知西別岳頂上からペレケ山（１２６７ｍ峰）のコルに下るヤセ尾根には古い刈分けがあるが、ハイマツがすっかり伸びていて苦労する。ガスで視界が無く、ペレケ平への入口が見つからず時間をロスしたが、ペレケ平の雪渓にテントを張る。

一晩中雨が降っていたが、朝起きると快晴であった。小さな池塘を通りペレケ平の奥から右にまわりこみ、稜線右端の１２１０ｍＰに上がる。ここから見る遠音別岳の姿が素晴らしい。１１８４ｍＰを右にトラバースしてザレたコルに着く。ここから頂上に向かいヤセ尾根の強烈なハイマツを漕いだが、１１７０ｍＰで時間切れとなり戻った。

ペレケ平はテント場適地だが、遠音別岳の頂上を目指すのにはザレのコルにテントを張るべきであった。

頂上（左）と 1170 mP（右）

●入渓～C1 ………5時間45分
●メンバー…長屋栄一
青木玲子
阿部幸雄
伊藤正博
2002年9月14日～15日

大谷川《おおたに》(沢遡行)

斜里側のチャラッセナイ林道に車をデポし、羅臼側の春日町から春苅古丹川沿いの林道に入る。「緑栄橋」を渡り林道終点に駐車して入渓する。

二本目の沢の出合を右に入り大谷川に進む。両岸が狭まり、深い淵をへつりで通過すると函があり、泳ぐのもいやなので右岸を簡単に巻く。地形図の標高270mに滝印があるが、小滝が三本あるだけで容易である。標高305mに二股があり、分岐に平らな腰掛岩がある(細い左股にはすぐ先に豪快な10mの滝がある)。本流の右股に入ると、正面遠くに遠音別岳が見え、小滝を越すと川の縁に温泉が湧いている。しばらく行くと340m二股となり左股を進む(右股にはすぐ先に10mの滝がある)。標高380mに5mの滝があり、右岸の草付きを簡単に登り滝の上に出る。単調な沢を行き、470m二股で右股を進む。沢は細くなりナメ床を快適に登り、テント場を探しながら行く。標高655mの左岸にイタドリを倒しテント場とする。遠音別岳の南面が間近に見え、振り返るとラサウヌプリとその向こうに台形状の海別

標高380mの滝

岳が見える。ここからは携帯電話が通じる。

翌日、出発して標高850mで最終の水を汲む。登って行くと前方に岩壁が立ち塞がるが、真ん中を容易に登ることができる。さらに岩壁が現れるが、これも直登できる。二カ所の岩壁を抜けると前が開け広場となる。広場から上はグリーンベルトで、ブッシュを抜けるのに一汗かいた。ブッシュからガレ場に出て楽になるが、積み重なった大きな石に乗ると動くので慎重に登る。標高1230mからハイマツになり、薄い所を選びながら右側の崖縁を登ると、大した苦労もなく頂上に着いた。頂上からは携帯電話が通じた。

頂上から北斜面のガレ沢を下り、緑の巨岩帯を抜け、734mPの西にあるチャラッセナイ湖を通り、斜里側のチャラッセナイ林道に下山した。

●C1~頂上 ………3時間40分
●下り(斜里側) ……6時間40分

チャラッセナイ湖で休む

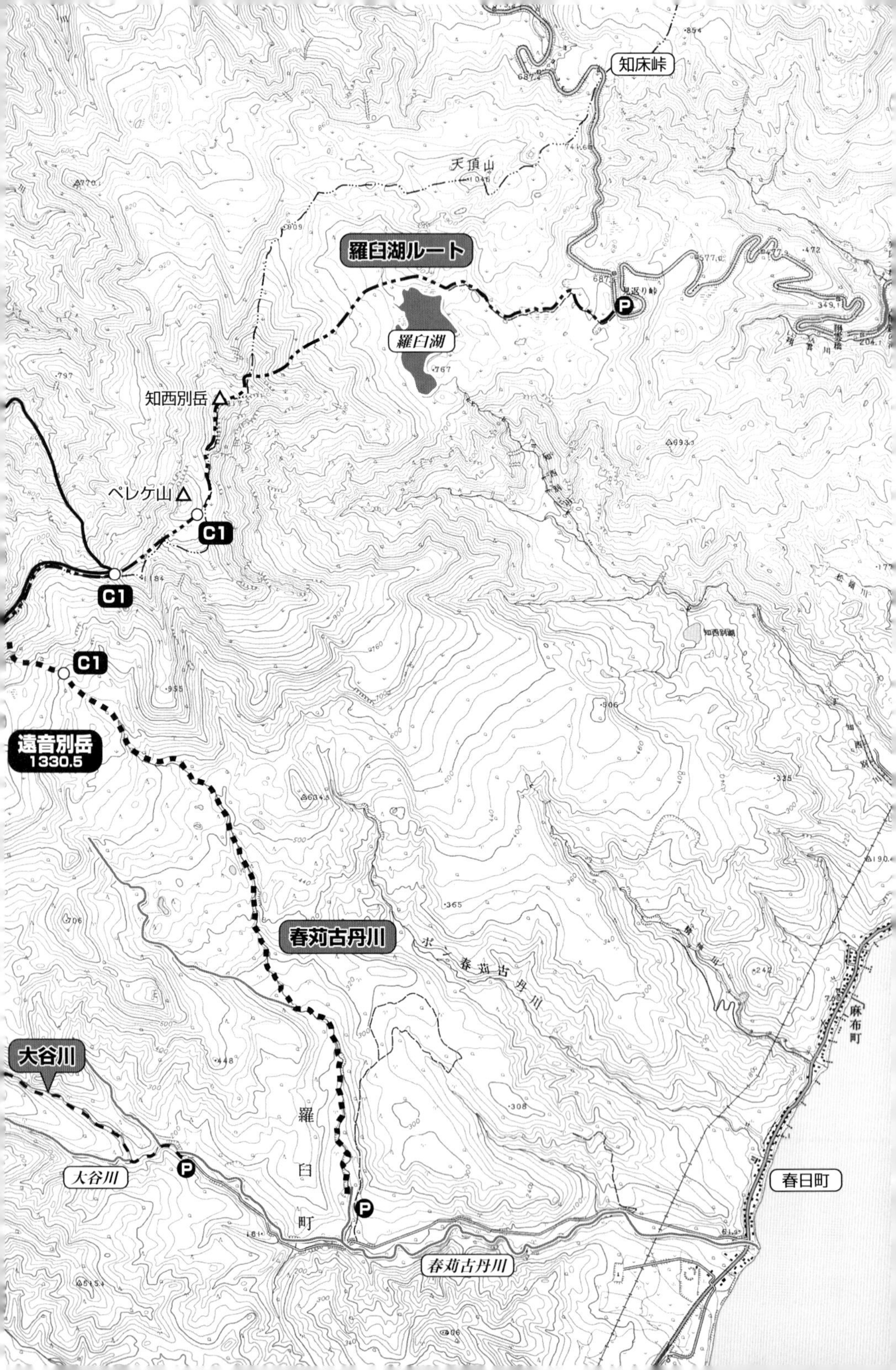

知床峠
天頂山
羅臼湖ルート
羅臼湖
知西別岳
ペレケ山
C1
C1
C1
遠音別岳
1330.5
春苅古丹川
ポン春苅古丹川
大谷川
大谷川
羅臼町
麻布町
春日町
春苅古丹川

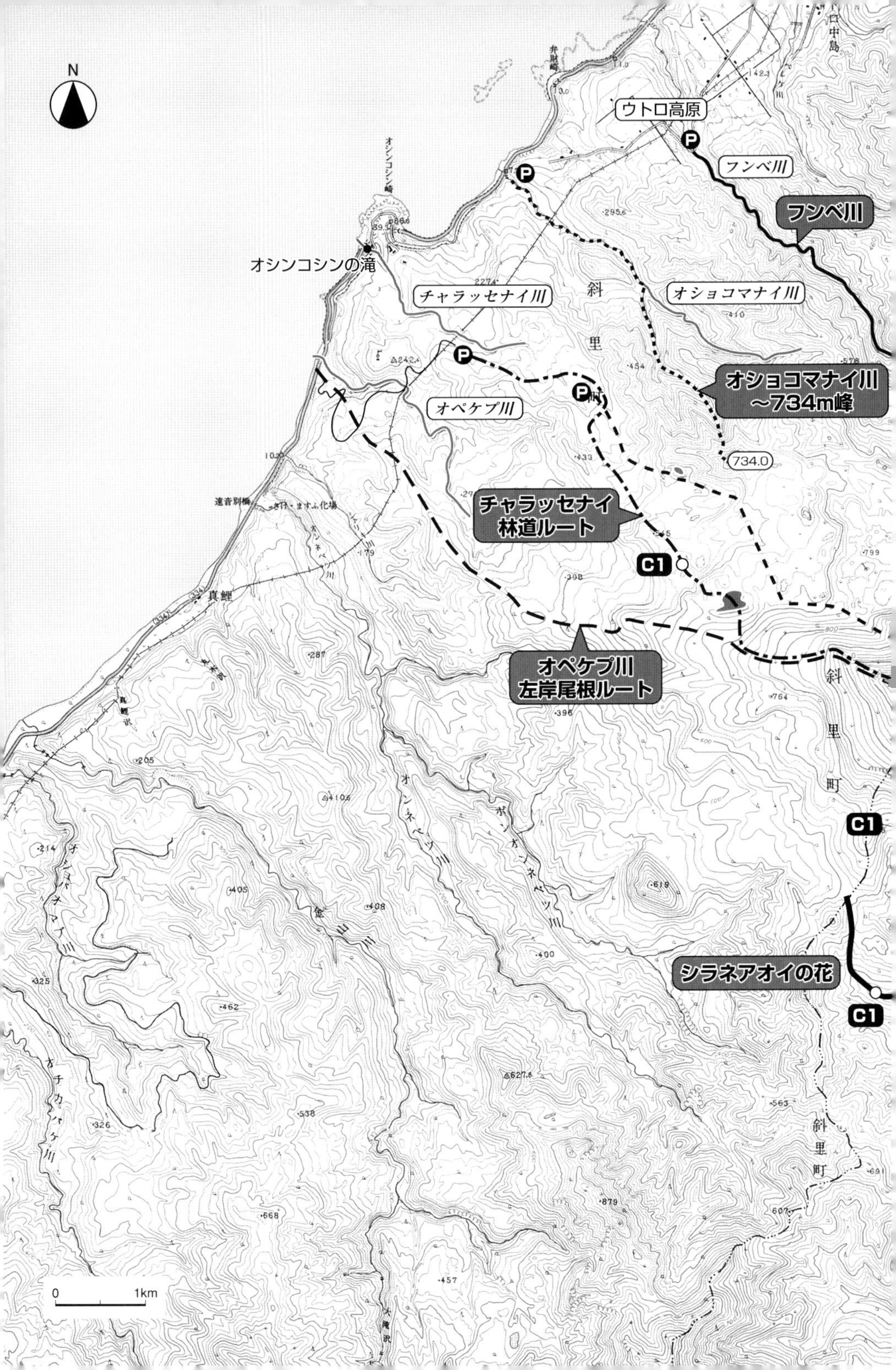
N
ウトロ高原
フンベ川
フンベ川
オシンコシン崎
オシンコシンの滝
チャラッセナイ川
オショコマナイ川
斜
里
オペケプ川
オショコマナイ川
～734m峰
734.0
真鯉
チャラッセナイ
林道ルート
C1
オペケプ川
左岸尾根ルート
斜
里
町
C1
シラネアオイの花
C1
斜
里
町
0
1km

●メンバー…伊藤正博
青木玲子
小林久美子
2002年6月29日～30日

シラネアオイの花（大谷川左股遡行）

偵察を兼ねて、大谷川から遠音別岳を目指した。305m二股からルートを間違えたお陰で、大雪山や道東地方には無いと思っていたシラネアオイの花を見ることができた。

羅臼側の春日町から春苅古丹林道を走り、春苅古丹川に入渓する。二本目の二股を右股に入り、大谷川を進む。函を容易に高巻き、小滝を越えると標高305m二股となる。左股に入ると両岸が狭まり、豪快な10mの函滝が現れる。右岸の草付きを高巻いて滝の上に出る。

やがて、7mの滝があり右

豪快な函滝

岸を登る。二本の小滝を越えると、三段10mの滝があり左岸を登る。ルートの間違いに気付かぬまま源頭の雪渓からハイマツ帯を登り、710mPと765mPのコルに出て間違いに気付く。テント場を探しながら下り、標高450m辺りの右岸にテントを張る。

翌日、登り返して偵察した後テントに戻り、帰路に着くことにする。出発してすぐに三段10mの滝を降り、7mの滝を下ってしばらくすると、青木さんの「シラネアオイが咲いてるよ〜」の声が聞こえた。知床にシラネアオイがあるはずがないと思いながら行ってみると、間違いなくシラネアオイである。薄いピンクの花が両岸に沢山咲いていて群落である。注意しながら下ると、10m函滝の下の右岸にも少し咲いていた。昨日はなぜ三人共気付かなかったのだろう。

大雪山や知床にはないと思われたシラネアオイ

後日、網走の博物館と斜里の知床博物館に問い合わせたところ、今まで報告の記録無しとの回答。羅臼ビジターセンターからは、「一九六七年に北海道大学の植物調査が行なわれた際、知床岬の林の中の草原で発見の報告記録があるだけで、三十五年ぶりの二例目の報告です」との回答があった。

●入渓～C1 ………5時間30分
●メンバー…阿部幸雄
青木玲子
伊藤正博
2003年6月14日～15日

春苅古丹《しゅんかりこたん》川（沢遡行）

語源は「シュンカルコタン」で、「油を搾りし部落」の意味である。

春日町から林道を入り、「緑栄橋」から右の林道を行く。少し走ると川に下りる道があり、木の橋が落ちている所で駐車する。ちょうど雨も止んで空が明るくなってきた。

川は雪解け水を集めて流れが早く、膝まで入ると冷たさが身にしみる。変化のない沢が続き、２４０ｍ二股となる。右股に入りしばらく行くと、右岸の沢から二段のナメ滝が落ちている。下段は５ｍで、上段は木の陰でよく見えない。先へ進むと両岸は狭まり、右岸に崩れている所がある。４９０ｍ二股まで来ると前が開け、８２４ｍ尾根と９５５ｍ尾根が見える。９５５ｍ尾根の下を行くと、標高５５０ｍで左岸の沢から滝が二本並んで落ちている。５ｍ程の双子の滝が可愛らしい。

春苅古丹川の本流にはここまで滝もナメ床も現れず面白味に乏しいが、遠音別岳が大きく両手を広げた懐の中に、川の流れと共に包まれていく喜びを感じる。やがて７１０ｍ二股となり、正面に遠音別岳が雲をかぶって見える。左股に入ると川は幅１・５ｍの蛇行した水路状になり、両岸から笹がかぶる。

標高 490 m で前が開ける

水が非常に冷たく、我慢できずに途中から雪渓に上がる。雪渓を行くと、７９０ｍ二股に水芭蕉が咲く快適そうな湿地があり、平らな笹の上にテントを張る。

ここは遠音別岳が間近に大きく見えるいい場所である。

●Ｃ１〜標高１０５０ｍ…１時間30分

夜中に雨が降っていたが、朝起きると遠音別岳が見えるので出発する。テープを付けながら左股の雪渓を登るとだんだん急斜面になり、やがて源頭になり雪渓も終わる。源頭の笹を乗り越えると雪渓があり、ブッシュを登ると次々に雪渓が出てくる。先程からガスが濃くなり、これ以上進むと迷いそうなので、稜線の１１７０ｍＰ付近から派生する枝尾根上の標高１０５０ｍの所で中止とした。

テープを回収しながらＣ１に戻り、下山する。

Ｃ１から見る頂上

●登り……………4時間20分
●下り……………3時間50分
●メンバー…伊藤正博
佐藤朋正
2004年7月31日

オショコマナイ川～734m峰（沢遡行）

734m峰は遠音別岳の北西3・5㎞の位置にあり、三角点はあるが名前の無い山である。以前、スキーでチャラッセナイ林道から遠音別岳を目指す時に、存在感のある山として見たことがあり、今回、オショコマナイ川を遡行してこの山を目指してみた。

「オショコマナイ」は「川尻が岩盤の上にある川」の意味である。734m峰頂上の三等三角点の点名は「御辺渓布《おべけぶ》」であるが、オペケプ川とは随分離れている。

斜里からオシンコシンの滝があるトンネルを抜けると、じきに「三段の滝」の看板と駐車場がある。これがオショコマナイ川で、30mの滝となって落ちている。下段と中段は簡単に登れそうだが、上段は木の陰であまり見えないが垂直に20m程落ちている様で登るのは難しそうだ。車で林道を走り、滝のすぐ上の川の傍に駐車する。

入渓して進んで行くと、ナメ床が出てきて楽しめる。魚も多く、浅瀬でピチピチ跳ねて足に当たってくる。やがて、3mの滝を越えると160m二股である。サウナに入っている様な蒸し暑い日で、頭がオーバーヒート状態なので木陰の川に体を浮かべ、青い空と緑濃い木の葉を眺めていると、気持ち良くてこのまま川の中で眠ってしまいそうだ。

右股を行くと15m二条の滝が現れる。鹿道を高巻いて滝を越える。この沢には桂の巨木が多くあり、広げた枝葉の下が涼しげである。やがて、釜を持った3mの滝があり、釜に全身を沈めて体を冷やす。すぐに260m二股に出ると右股は10mの滝となっている。左股もすぐ先で10m三条の滝となっている。右股の滝を直登して越えるとナメ床がずっと続き、快適に遡ると400m二股となる。右股の岩盤の上を流れる冷たい水で頭を冷やし、水を汲む。

ここは左股を登って行くと草付きの広い沢となり、やがて源頭になって水が涸れる。ここからは熱地獄であった。木陰を選んで登って行くがオーバーヒート状態が一時間半も続いて、頂上に着いた時には二人の顔が真っ赤で、熱中症状態で倒れ込んだ。頭だけをハイマツの下に入れて日陰を作るが、風がまったく無い。しばらく言葉を交わすことなく二人で寝ていた。

やっと立ち上がり、背丈程のハイマツの上から写真を撮る。海別岳、ラサウ、ラサウヌプリとラサウの牙、遠音別岳から知西別岳の連山が見える。遠音別岳の右下には、樹林に囲まれた遠音別湖の緑色の湖水が見える。この山の西のすぐ下にある、チャラッセナイ湖は見えなかった。三角点の脇には古いウイスキーの角瓶が置いてあった。下りは川や滝で体を冷やしながら帰ったので時間がかかった。

15ｍ二条の滝

ペレケ山〔ぺれけやま〕　一二六七メートル

ウトロのバス会社の横を細いペレケ川が流れていて、その源頭にある山である。山容は饅頭を半分に割ったような形で、ウトロ側は切れ落ちた崖になっている。松浦武四郎が来た江戸時代には「ヘレケ山」の記載があるが、現在、国土地理院発行の地形図にこの山の名は記されていない。北海道地図株式会社発行の「知床連峰」2万5千分の1地形図には名が記されている。この山だけを目指して登られることはほとんどないだけに、頂上に立つ人は希である。

語源は「ペレケ・イ」で、「破れている・所」の意味。ペレケ川の河口にあるオプネイワの岩峰が割れているのを指しているという。

まん中の円い山。ウトロ側は崖になっている

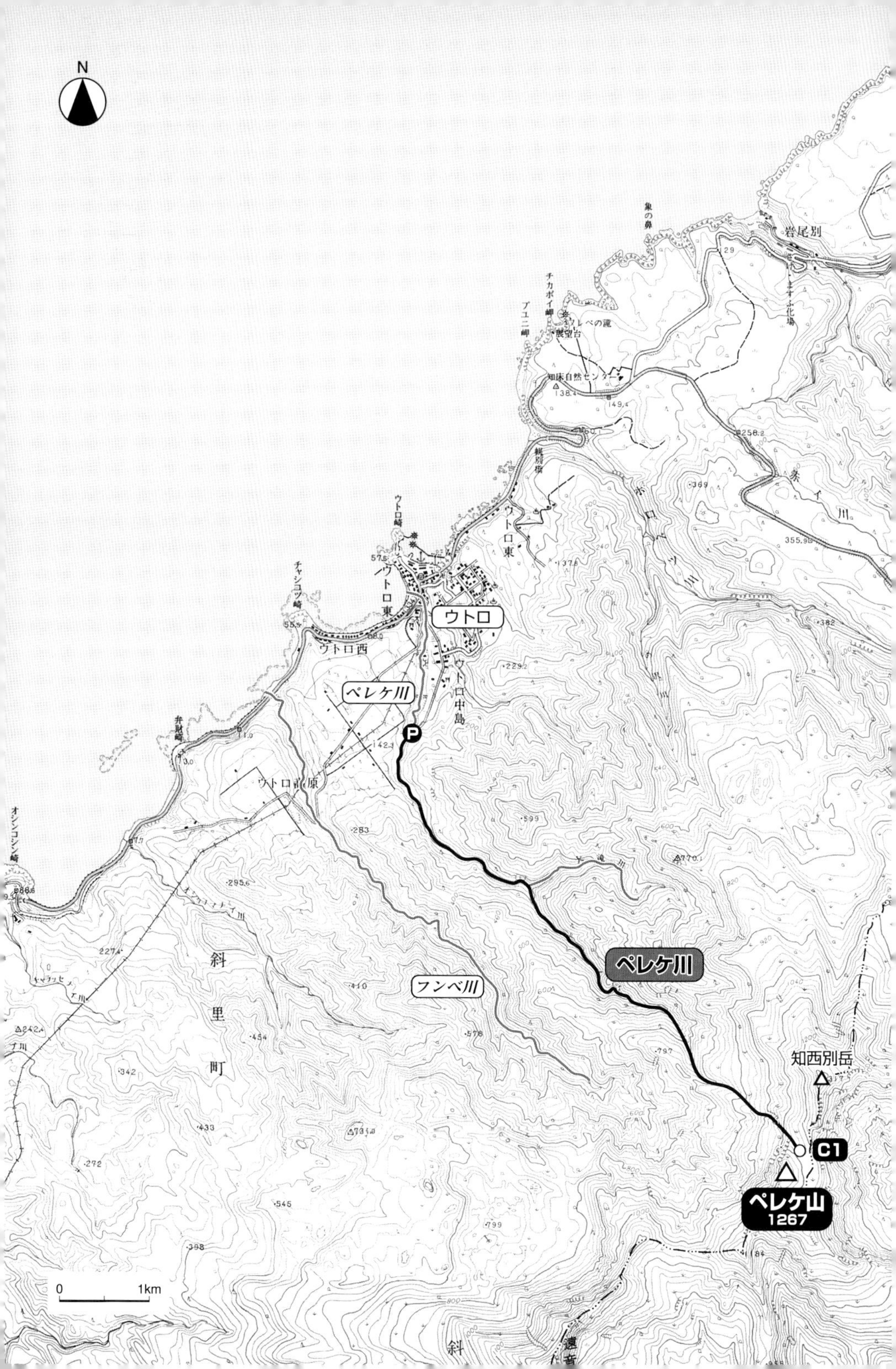
N
ウトロ
ペレケ川
ペレケ川
フンベ川
P
C1
知西別岳
ペレケ山
1267
0
1km
岩尾別
知床自然センター
ウトロ西
ウトロ東
ウトロ崎
チャシコツ崎
弁財崎
オシンコシン崎
象の鼻
チカポイ岬
プユニ岬
ウトロ中島
ウトロ高原
斜
里
町

●入渓～ペレケ平 …8時間50分
●下り ……………6時間15分
●メンバー…伊　藤　正　博
2003年7月5日～6日

ペレケ川（沢遡行）

今までこの沢を遡行した話や記録を見たことが無いので行ってみることにした。

ウトロのバス会社の横のペレケ橋を渡り、すぐに右折して道が無くなるまで直進する。地形図に載っている建物マークの空き地に駐車して、急斜面の鹿道をペレケ川に降りる。

入渓するとすぐに建物からの放水が30mの大滝となっている。広い河原から暗い函となり、二段の滝や深い釜を持った函滝が現れ、進むのは無理なので左岸の大高巻きを余儀なくされる。川に戻ってからも函滝が続いて突破に苦労したが、やがて開けて砂防ダムに出る。

ダムから少し行くとナメ床になり、川の中にコンクリートの浄水場らしき人工物がある。すぐに函の中に滝があり、進めずに高巻く。さらに函は続いて、釜を持った函滝や小滝がある。やがて開けて260m二股となる。ここからも小滝が続き、標高300mに二段15mの滝が現れ、休憩してミヤマオダマキの青い花と白い滝をしばし観賞する。この滝は柱状摂理の階段状で容易に直登できた。小滝が続いて標高500mに7mの滝があり、巻いて滝の上に出るとミヤマアズマギクの花が沢山咲いている。

標高520mに20mの大きな滝が現れ、階段状で直登もできそうだが無理せずに十五分の高巻きをする。高巻き途中に10m位の滝が見えた。その後、ナメと小滝が続き、標高575mに青い釜を持った5mの滝がある。少し行くと右岸から細い滝が落ちている。すぐに5mのナメ滝があり、640m二股となる。右股を行くと標高650mに20mの直瀑があり、左岸を高巻く。

標高 300 m の滝

その後、二段７ｍの滝が二つ連続してあり、合わせて四段１４ｍである。ナメが続いて流れも細くなり、やがて標高８２０ｍの源頭で水を汲む。ガレの二股でコンパスを合わせ、右股に進む。標高９２０ｍから雪渓になり、ビールを冷やす雪を取る。涸れ沢が続いてハイマツとナナカマドが進路を阻む。沢形も不明瞭になり、強烈なハイマツに捕まり苦しい前進が続き、たまらず右の尾根に逃げる。やっと展望が開けペレケ山の崖が目の前にあり、遠音別岳の雄姿も近くに見える。

ペレケ平はすぐそこなのだがハイマツで手間取る。やがて膝位のハイマツになって歩きやすくなり、ペレケ平に着いた。ここからペレケ山の頂上へは1ピッチであるが、三月に頂上を踏んでいるので登らないことにした。テント場からはウトロの港や沖行く船が見える。ビールを飲みながら、傍らに咲いているウコンウツギと一緒に、刻々と美しく変化する夕焼けの雲を日が暮れるまで眺めていた。

知西別岳〔ちにしべつだけ〕　一三一七メートル

知床峠の南西5・5㎞地点に位置し、遠音別岳と稜線が続いている山である。山腹に羅臼湖を抱え、湖の展望台に立つとなだらかな山容を間近に見ることができる。

頂上からの眺望は素晴らしく、この山ならではの景観が広がる。頂上から南のヤセ尾根にはほとんど人目に触れることのないお花畑がある。

積雪期には風の強い山である。羅臼湖からは知西別川が流れ出ていて、山名は知西別川の源頭の山ということに因る。語源は「チニウシペッ」で、「枯れ木が・そこにいつもある・所の・川」の意味である。

この山に三角点は無いが、東方に5㎞離れた六九三・三m峰に三等三角点「知西別岳」が埋設されている。

羅臼湖から見る

●峠～C1 ………2時間00分
●C1～頂上 ………2時間10分
●メンバー…土谷匡
武田榮
畑田哲雄
荒木格
有賀文隆
伊藤正博
1997年5月2日～3日

知床峠ルート(残雪期)

ゴールデンウイークになると知床横断道路が午前十時から午後三時半の間通れるようになる(峠や横断道路に午後三時半以降駐車はできない)。

稜線にハイマツが出ているので、知床峠からスキーで横断道路沿いにウトロ方向に500m程下り、小さな沢を天頂山方向に登る。適当な所から飛行場と呼ばれる天頂平に降りる。天頂山を左に見ながら、だだっ広い天頂平を大沼に向かう。大沼から899mPに登りテントを張る。ここからは知西別岳が大きく見える。

一晩中強い風が吹き、朝起きると一つのテントのポールが曲がっていた。翌日、国境稜線を知西別岳の頂上を目指す。稜線はハイマツが出ているので沢形の斜面を登りスキーをデポする。眼下に雪解けの羅臼湖が見える。アイゼンを履き、稜線の肩に上がると風が強く、ピッケルで耐風姿勢をとりながら進み頂上に着いた。

C1からハイマツの出ている国境尾根を見る

●登り　…………………4時間55分
●下り　…………………3時間12分
●メンバー……伊藤正博
土谷匡
金井英子
水野明子
青木玲子
2001年6月10日

羅臼湖ルート（残雪期）

羅臼湖までは登山道があり、春の残雪期の日帰りルートとして楽しめる。毎年、六月になると横断道路の通行時間制限が解除され、終日通れるようになる。

知床峠から羅臼側に横断道路を3km程下ると羅臼湖の登山口がある。大小の沼がある湿原を、桜を眺めながら歩き一時間で羅臼湖に着く。

羅臼湖からは知西別岳の正面に雪渓が上まで続いている沢が見える。湖岸を右に回るとミニの水芭蕉とエゾコザクラが咲いている。川を二本越え、大きな沢の雪渓を登ると眼下に羅臼湖の全景が見えて感動する。雪渓は上部まで続き、沢の源頭はブッシュとハイマツが出てくるが、刈分けを辿って登る。標高1200mの肩に上がり、大きな羅臼岳を眺めながら休息する。肩から頂上までハイマツの中に古い刈分け道があるが、道を見つけられないと天国と地獄の差となる。不明瞭な道を登ると頂上である。

尚、知西別岳頂上から遠音別岳までハイマツの中に不明瞭な刈分けが続いているが、相当しごかれる。

沢の上部から見る羅臼岳と羅臼湖

●登り……７時間40分
●下り……４時間05分
●メンバー…長屋栄一
青木玲子
土谷匡
小林久美子
上村榮一
伊藤正博
2003年３月22日〜23日

精神《しょうじん》川右岸尾根ルート（積雪期）

アイヌはこの川を「オタッニオマプ」と呼び、「川尻に樺の木がある者（川）」の意味だが、なぜ後世に「精神川」となったのか不明だ。魚が入らない「精進」の意味か。

羅臼側の春日町を過ぎ、精神川橋から左折してすぐに駐車する。

精神川右岸の林道をスキーで１・５㎞程進んでから左の尾根に取り付く。標高差１００ｍを登り、勾配のない樹林をしばらく進むと標高３９０ｍから尾根が広くなる。標高６１０ｍで森林限界となるので、林の中の平な所にテントを張る。羅臼岳と遠音別岳が見える良い所だ。

翌日、テント場を出るとすぐに５０ｍの急斜面があり、白い壁の様に見える。急斜面を登るとハイマツ原になり、その先の樹林を抜けるとまた白い壁がある。斜面を登り、稜線の１０９６ｍの下でシーデポする。アイゼンを装着し、稜線の中腹をトラバースして登って行く。標高１２００ｍに窓があり、足下から崖が深く切れ落ちている。窓から覗

Ｃ１付近の森林限界

●展望台まで　………5時間20分
●メンバー…武田榮
伊藤正博
馬場勝寿
1998年6月13日

くと羅臼岳と目指す知西別岳が望まれる。稜線を登って行くと、1275mPの頂上直下に廊下状の沢があり、二重稜線となっている。ペレケ平に下り知西別岳に向かう。ウトロ側のなだらかな斜面をトラバースして登ると頂上に着いた。帰りはすぐ隣のペレケ山の頂上を通る。

知西別川(沢遡行)

羅臼側の知昭町から知西別川の林道に入り、林道終点の堰堤に駐車して入渓する。標高100m位から川幅が狭くなってくる。右岸に知西別湖からの流れが滝となって落ちている。函が続くようになり、右岸をへつるが二人は失敗して落ちる。リーチの長い馬場さんは難なく通過。泳ぐのには六月の水は冷たくて、二回目のへつりでやっと通過できた。

標高270mで左岸に柱状節理の崖が露出している所があり、川床も六角形の節理になっていて美しい。ミヤマオダマキの青い花が風に揺れ、ナメ滝とナメ床を快適に通過する。いくつかの滝を過ぎ、巨岩帯を進むと標高640mで二段の滝に出る。滝の手前

ペレケ平からのペレケ山(左)と知西別岳(右)

羅臼湖を歩き展望台に向かう

から左岸を大きく高巻いている記録もあるが、上段の滝の裏側を大量のシャワーを浴びながら足早に通過する。すぐに、滝の右岸の草付きを簡単に巻く。

標高６８０ｍの大きな滝は右岸の雪渓を利用して高巻き、川に戻る。川はゆっくりとした流れとなり、やがてブッシュが開け羅臼湖に出る。一部深い所は腰まで水に浸かりながら湖畔を四十分程で展望台に着く。目の前に大きな知西別岳の姿があり、展望台で昼寝などしてゆっくりする。羅臼湖展望台からは登山道があり、大小の沼と湿原を眺めながら一時間で横断道路に出る。この沢は展望台まで七〜八時間が普通で、十〜十三時間の記録もある。

標高 680 m の大滝

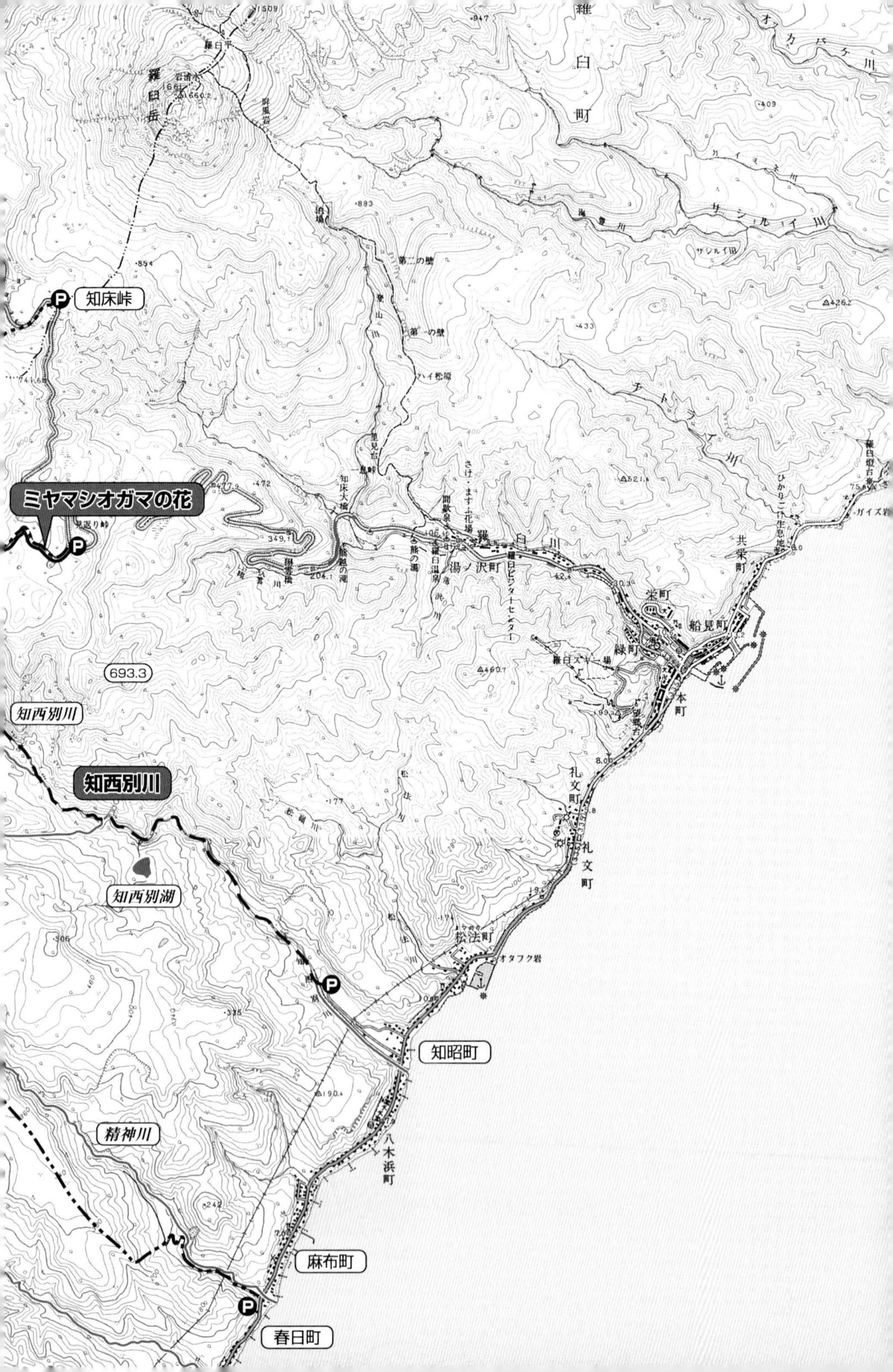
知床峠
ミヤマシオガマの花
693.3
知西別川
知西別川
知西別湖
精神川
知昭町
麻布町
春日町
羅臼岳
羅臼町
羅臼川
湯ノ沢町
栄町
船見町
緑町
本町
共栄町
礼文町
松法町
八木浜町
オタフク岩

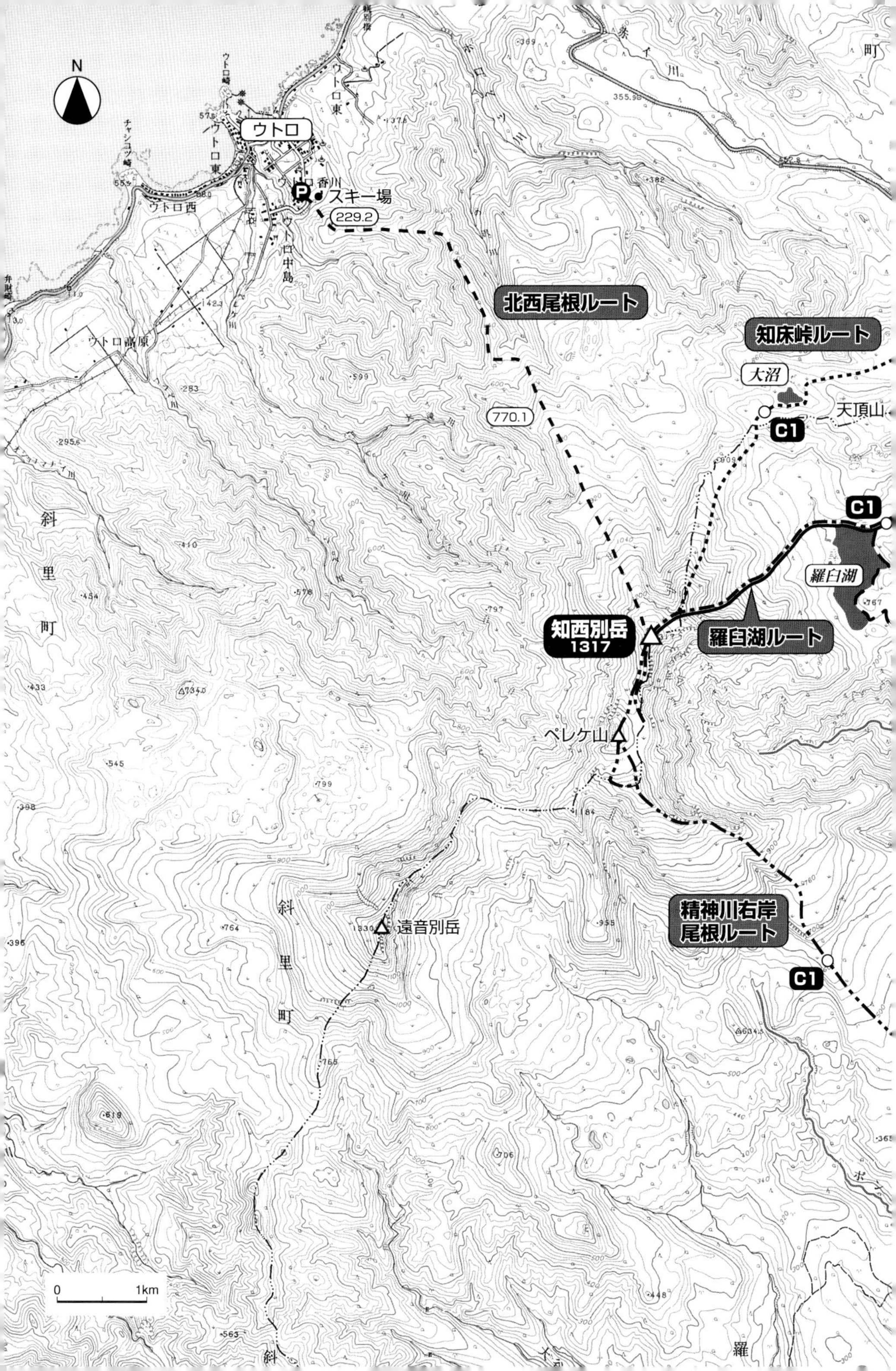

ウトロ
スキー場
229.2
北西尾根ルート
知床峠ルート
大沼
天頂山
C1
770.1
羅臼湖
知西別岳
1317
羅臼湖ルート
ペレケ山
遠音別岳
精神川右岸
尾根ルート
斜里町
0
1km

●登り……………4時間30分
●下り……………3時間00分
●メンバー…佐藤朋正
阿部幸雄
伊藤正博
2004年4月4日

北西尾根ルート（積雪期）

春に横断道路が知床峠まで開くようになると、峠から羅臼湖経由で短時間で登ることができるが、冬期の知西別岳に登るのにはこれまで一泊二日が普通であった。冬期日帰りのルートを計画したが、ことごとく天気予報に騙され、二月一日から延べ六度の試みでようやく登ることができた。

ウトロの「ホテル知床」の近くに小さなスキー場がある。今回はスノーシューを履いて氷化したゲレンデの急斜面を直登する。登り切ると229mPで、樹林の尾根を東に向かう。固雪で歩きやすく、標高450mで一の沢川の左岸尾根に出合い、右折する。尾根は細くなり、アップダウンを快適に越えると標高530mで展望が開け、羅臼岳から硫黄山の連峰と遠音別岳のヤセ尾根が見えて歓声を上げる。

575mPのヤセ尾根はかなりハイマツが出ていて、来週には通過が困難になりそうだ。575mPからは目指す知西別岳の頂上が見えて、六度目の今日こそはと闘志を燃やす。やがて尾根は終わり、一の沢川の源頭の沢をトラバースし、頂上に続く北西の尾根に移る。

森林限界から出たとたんに、西からの強風がすごい。クラストした広大な雪面が続いているが、天気がいいのでルート旗を立てるまでもないと判断するが、ホワイトアウトにでもなった場合は迷いやすい所だ。雪面に三月二十日に一回で登った名寄のエイジさんのスキーのシュプールがまだ残っていた。後ろを振り返るとウトロの街と港が見え、青い海に流氷の白い帯が漂っている。

強風に耐えながら黙々と進むが、単調な斜面の登りに飽きてくる。遠音別岳が見たくなり、進路を変えて右の稜線に上がる。この方向から眺める遠音別岳の鋭峰が素晴らしく、その雄姿に励まされスノーシューの足も早まる。雪煙の舞う50m先に知西別岳の円い頂上があった。快晴の空の下、三六〇度の展望にしばし至福の時を過ごす。

思えば、二月一日の敗退に始まり、延べ十四人で六度目の挑戦の結果であった。日帰りの山といえど、天気次第で難しいものである。

●羅臼湖～知西別岳～南尾根標高1190mまで……4時間40分

●メンバー……伊藤正博　前川公彦　水野明子

2004年7月4日

ミヤマシオガマの花

遠音別岳の北東鞍部にシレトコスミレがあるという。シレトコスミレは知床の南岳～硫黄山の限られた範囲にしか生育していないはずである。しかし、一九七六年七月五日に遠音別岳の北東鞍部にシレトコスミ

575 mP から知西別岳頂上が見える

レを探しに行った人の記録があり、「写真に撮り、スケッチをした」と書かれている。私はその場所を二度通ったことがあるが、スミレが咲く季節ではなかったので、葉を見つけることもできなかった。果たして、今でもそこにシレトコスミレはあるのだろうか。探しに行くことにした。

知床では珍らしいミヤマシオガマ（写真提供・水野明子さん）

三日（土曜日）は終日晴天で、羅臼湖の展望台にテントで前泊した。一晩中、カエルの小合唱と鹿の鳴き声が聞こえていた。

翌朝、知西別岳の上部に雲がかかっていたが、食事を済ませて三時五十分には出発した。湖畔を周り込むと、湿地帯には一面ワタスゲの白い綿毛が風に揺れている。大雪渓を登って行き、途中から左側の沢に移る。沢は水量も少なく、雪渓が消えると涸れ沢になるのだろうか。

沢の最上部で右にトラバースしながら登り、容易に標高１２００m肩のコルに上がり、刈分け道に出ることができた。ガスがみるみる間に晴れて、知西別岳の頂上部も見える。刈分けを辿ると、いつも雪渓が残る広場はチングルマの花の群落になっていた。広場から左方向に刈分けがあるはずだが、見つけられずに頂上方向にハイマツを漕ぐ。頂上近くになって刈分けが見つかった。

頂上から遠音別岳方向は雲の中で何も見えない。休憩後、頂上を出発すると、刈分けのハイマツは伸び放題で進むには大変な苦労がいる。刈分けは不明瞭ではあるがヤセ尾根上に続いていて、懸命にハイマツの中を潜って行く。頂上から一時間以上経過して標高１１９０ｍまで降りてきたが、ますますガスが濃くなる。視界が全く無い中を広いペレケ平へ進むのは危険と判断し、八時三十分に中止と決める。

ヤセ尾根にあるお花畑まで戻り、ゆっくり休憩することにした。お花畑には二十種類以上の花が色とりどりに咲いている。ミヤマアズマギク、ハクサンイチゲ、ハクサンチドリ、エゾツツジ、チシマギキョウ、トウゲブキ、ヨツバシオガマ、ミヤマシオガマ、エゾノツガザクラ、アオノツガザクラ、ミヤマダイコンソウ、エゾキンバイソウ、チングルマ、ミツバオウレン、ミヤマキンバイ、カラフトイチヤクソウ、チシマフウロ、ミヤマサワアザミ(?)、タニマスミレ(?)、ミヤマラッキョウ、サマニヨモギ、ホソバイワベンケイ、矮小化したミネヤナギ、…。そんなに広くない範囲にこれだけの花が同時に咲いている。

その中でもミヤマシオガマは、北海道でも北日高と北大雪の限られた所にあるだけで、知床半島ではこの場所以外では報告されていないという。後日、水野さんが撮ったミヤマシオガマの写真が斜里町の知床博物館に記録保存されることになった。

結局、シレトコスミレが咲いている場所へは行けずに、当初の目的は果たせなかったが、ほとんど人が来ることのないお花畑と貴重なミヤマシオガマを観賞できたのは満足であった(後日、知床博物館の学芸員から聞いたのだが、二〇〇四年、遠音別岳の北東鞍部でシレトコスミレの群落を確認した人がいるとのことであった)。

天頂山〔てんちょうざん〕　一〇四六メートル

知床峠の東南2km地点に位置する山で、峠の駐車場からは小さな丘のように見える。頂上付近にはいくつもの旧火口が直線状に並んでいて、雪解けの頃には火口湖の水面に羅臼岳を映した景色を見ることができる。頂上からは、天頂山の溶岩が川を塞き止めてできた羅臼湖が眼下に眺められる。短時間で登ることができて眺望の良い山である。

知床峠より見る

●知床峠～頂上 ……1時間30分
●メンバー……土　谷　匡
　　　　　　伊　藤　正　博
1996年6月1日

知床峠ルート（残雪期）

知床横断道路が閉鎖の時期は、自然センターから知床峠まで10km程歩かなければならないが、ゴールデンウイークになると横断道路が午前十時から午後三時半の間通行できるようになる。積雪が多い年の場合、知床峠の駐車場から国境尾根をつぼ足かスキーで天頂山まで行くことができるが、雪の少ない年はハイマツが出て困難になる。

峠に駐車してウトロ方向に道路沿いをスキーで500m程下り、雪のある沢を登る。尾根に上がるとハイマツが出ているのでスキーをデポする。旧火口の縁の雪面をトラバースするが、足を滑らすと火口湖に転落するので慎重に行く。途中から湖に下りて、水面に羅臼岳が映る景色を楽しむ。再び尾根に上がり雪渓を進むと、また火口があり底には水が溜まっている。雪渓は頂上まで続いていた。頂上からは羅臼湖と知西別岳、羅臼岳の眺めが良い。下りは横断道路までスキー滑降を楽しんだ。

火口湖と羅臼岳

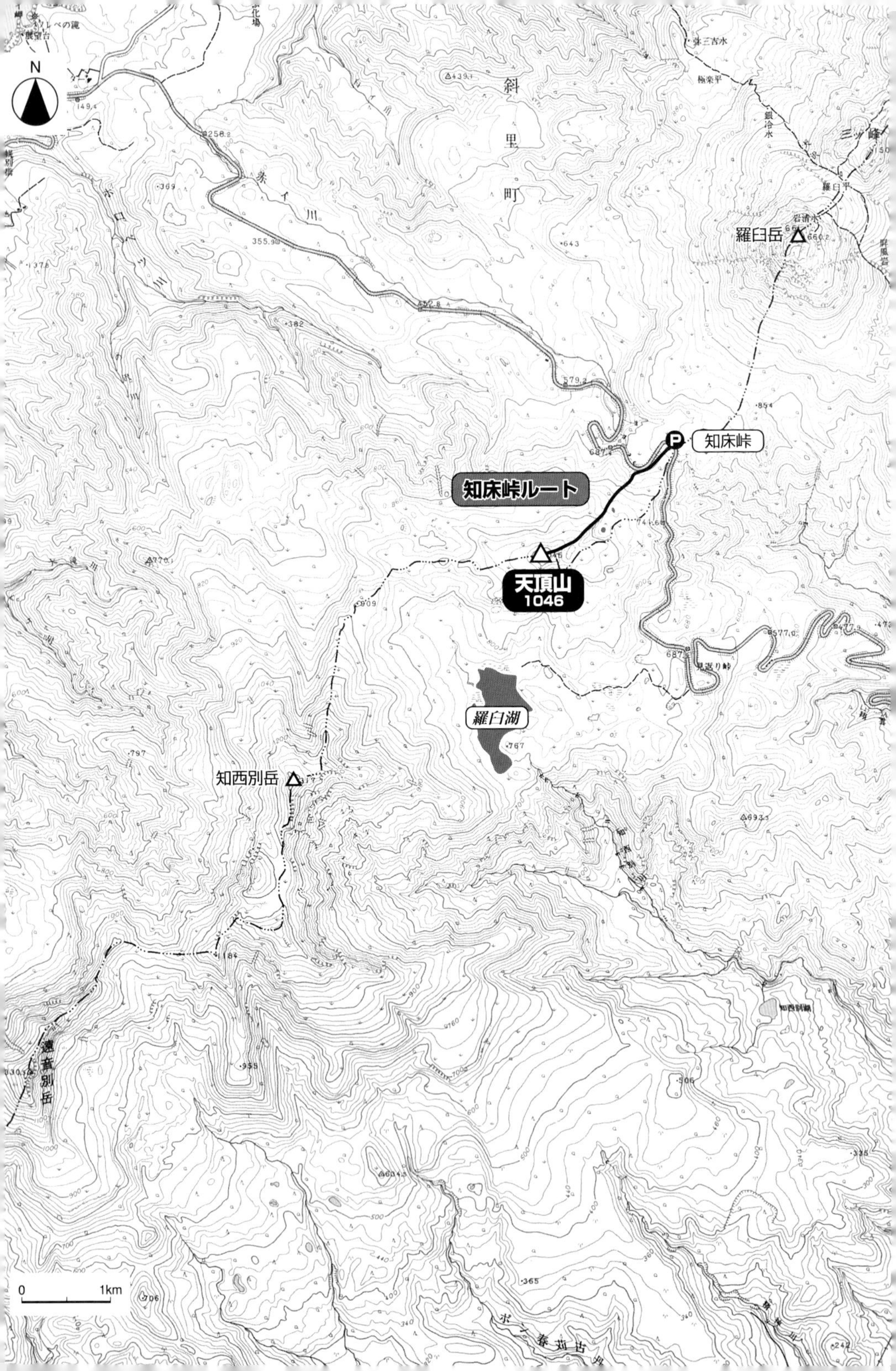
N
斜里町
羅臼岳
三ッ峰
羅臼平
知床峠
知床峠ルート
天頂山
1046
見返り峠
羅臼湖
知西別岳
知西別湖
遠音別岳
0
1km

羅臼岳〔らうすだけ〕

一六六〇・二メートル

知床峠に立つと、目の前に知床半島の最高峰羅臼岳がそびえ立っている。山頂部は溶岩ドームの岩石で覆われていて、一九九六年に活火山と認定されている。羅臼側とウトロ側から二本の登山道があり、夏の間は大勢の登山客で賑わっている。頂上からは硫黄山までの連山と二つの海を同時に見渡せ、根室海峡にはクナシリ島が浮かんでいるのが見える。

羅臼の語源は「ラウシ」で、「動物の臓腑や骨がそこにいつもある所」と「低い所」の二通りの意味がある。今の羅臼町がある所をアイヌはラウシと呼び、羅臼川や羅臼岳の名の由来となっている。アイヌはこの山を「チャチャヌプリ」と呼び、「爺さん山」という意味で崇拝して親しみを込めていた。

頂上にある二等三角点の点名は「羅臼岳」

羅臼湖への登山道から見る

●メンバー…伊藤正博
1994年9月10日

岩尾別《いわおべつ》コース（夏道）

岩尾別の語源は「イワウペッ」で「硫黄の川」という意味だが、河口にサケ、マスのふ化場があるくらいだから、硫黄は流れていないと思うのだが。

翌日、皇太子ご夫妻が羅臼岳に登られるというので、網走山岳会の山小屋「愛山荘」に前泊する。小屋のすぐ下の水場に水を汲みに行くと泉が涸れていた。

この年は少雨で暑さが続いたためかも知れないが、いつも豊富に水が沸いていた泉が消えていたのには非常に驚いた。

翌朝、登山口である木下小屋に行くと、もうすでに報道陣や登山客がたくさんいて、皇太子ご夫妻が来られるのを待っていた。「一般の人は先に登られて、羅臼平で待っていてください」との指示に従う。

樹林のジグザグ道を尾根に上がり、オホーツク展望で一息入れる。ここから四十分程で、岩尾別コースの登山道を開いた木下弥三吉の名が付いた「弥三吉水」の水場に着き、冷たい水で

羅臼平での皇太子ご夫妻

喉を潤す。

樹林帯の登りが平らになる「極楽平」を通り、急斜面の「天人坂」を過ぎ、「銀冷水」の水場に着いたがこの年は涸れていた。銀冷水から沢地形に入り、急斜面の「大沢」を登り切ると「羅臼平」である。あいにくガスが山頂部を覆い、一面まっ白で何も見えない。たくさんの報道陣や登山客が待っている中、皇太子ご夫妻が登って来られた、その時である。白い霧のカーテンがみるみる間に開いて、羅臼岳の山頂部が青い空と共に現れた。お二人はにこやかな笑顔で手を振られ、皆の声援や拍手に応えられる。しばらく、先導者から説明を受けられた後、ハイマツの陰で休憩された。休憩後、岩が積み重なる頂上に向けて出発したが、皇太子ご夫妻の後ろには長い行列が続いていた。

●メンバー…伊藤正博
水野明子
菅野佳裕
1996年10月6日

羅臼コース(夏道)

高校の同級生三人で登ることになり、山小屋の「愛山荘」に前泊して話に花が咲いた。夜更かしと酒が過ぎて朝寝坊して遅れたが、羅臼温泉国設キャンプ場の登山届ポストに名前を書いて出発する。

沢沿いの登山道を行くと小さな滝があり、やがてジグザグ道を登り尾根に上がる。ダケカンバの林を通り、「里見台」のベンチで一息入れると樹間から羅臼の港と海が見える。思いがけなく、倒木に発生していた天然の椎茸をたくさん採る。だらだらした登りが続き、ハイマツ原を過ぎて第一の壁と呼ばれる岩崖の下を通って行く。やがて道は尾根から離れ、登山川へと下りて行く。

屏風岩

硫黄臭が鼻をつき、硫黄鉱泉で白くなった川床を横切り、「泊場」に出る。ここに昔は小屋があったらしいが、今ではここでテントを張る人はいない様だ。泊場から細い涸れ沢を進み、「屏風岩」に出る。ここには下りでサシルイ沢に進入しないようにロープが張ってあるが、一九九六年七月二十二日に大学生の男性が雪渓で迷い込み、九日ぶりに救助されたことがあった。下山時には注意の要る所である。

屏風岩の沢地形を登ると草紅葉の斜面が広がり美しい。ここは春から夏の間は広大なお花畑で何種類もの花が咲いている所である。草紅葉の中に春の花がポツンと咲いている。もうすぐ雪に埋もれることを思うと、可憐な姿に哀愁を感じる。

分岐があり、直進すると岩清水に出て羅臼岳の頂上へ、右へ進むと羅臼平に向かう。我々は右へ進み、歩きにくいハイマツの中の道を羅臼平に着いた。天気も良く、岩が積み重なる頂上までは五十分程であるが、頂上へは行かずに、朝寝坊を反省しながら羅臼平でゆっくりすることにした。

●木下小屋～C1　…9時間30分
●メンバー…伊　藤　正　博
有　賀　文　隆
土　谷　　　匡
菅　原　道　義
金　　　久美子
不　破　洋　子
沖　野　真　理
吉　田　直　子
1996年8月17日～18日

羅臼岳～硫黄山コース(夏道縦走)

七時に岩尾別の登山口に先発の五人を降ろし、硫黄山の下山口に車をデポするため、土谷、伊藤、有賀の三人で後発となる。岩尾別の登山口で準備をしていると、札幌の梅沢俊さんご夫妻と偶然お会いする。梅沢俊さんは野生植物の研究家で、「北海道夏山ガイド」の著者でもあり、山岳写真家でもある。以前にニペソツ山の登山口でお会いしているので二度目の偶然である。今日はノマドの女性の方と三人で縦走するとのことである。

先発の五人とは一時間以上の差であったが、羅臼平の手前で合流することができた。今日は網走山岳会のケルン祭も兼ねての登山なので、羅臼平にある木下弥三吉ケルンに果物とビールを供える。梅沢さんや他の登山客にも参加していただき、土谷会長より故木下弥三吉さんとケルンについてのお話しを聞き、皆で手を合わす。

その後、皆は羅臼岳の頂上目指して行ったが、菅原さんと私は三ツ峰に登ることにした。三ツ峰には三つのピークがあり、羅臼側のピークには縦走路から十五分で登ることができ、雲海の上に聳えるクナシリ島のチャチャ岳を眺める。昔、アイヌは羅臼岳もチャチャ

5月初めの羅臼岳～硫黄山の山並み

ヌプリと呼んでいたので、ここの頂上からは二つのチャチャ岳を同時に見ることができる。さらにウトロ側のピークに登ると、ウトロの港や知床五湖が見える。もう一つのピークには道が無く、ハイマツ漕ぎになるので登らないことにする。

　やがて羅臼岳からのメンバーと合流して出発する。三ツ峰のテント場の水は涸れて、溜まり水が少しあるだけだった。サシルイ岳を越えると北面には長大な雪渓があり、皆で冷たい水を汲む。ハイマツの中の道を行くと開けた所に出て、予定していたサシルイ岳とオッカバケ岳のコルにあるテント場に着いた。地形図では湿地帯になっているが、乾いた草地にテントを張ることができた。外で食事をしていると、横浜から来た若い男性も加わり、日が落ちるまで話がはずんだ。

●C１～カムイワッカ下山……8時間35分

　今日も天気が良く、朝食も外で済ませテントを撤収して五時二十分出発する。じきにオッカバケ岳への緩い登りとなり、頂上からは二ツ池と硫黄山が見えて素晴らしい景色である。二ツ池は「天の池」と「地の池」と呼ばれていて、別のメンバーで一カ月前に来た時には二つの池には満々と水があったが、今日は「天の池」が干上がっていた。二

C１から見るサシルイ岳

ツ池から南岳に続く外輪山に上がると、第一火口の中にイダシュベツ川を遡行して泊まっていた、田島、伊藤(健)、上村さんの三人の姿が見える。無線で交信して硫黄山の分岐で合流することになった。

一カ月前の縦走の時は第一火口の中を通る廃道コースを行ったが、今日は外輪山コースを行く計画である。展望を楽しみながら南岳を通過したが、すでにシレトコスミレの花季は終わっていた。知円別岳に向かう道は外輪山から離れ、チングルマの綿毛が揺れる草地の中の道を通って行く。

やがて知円別岳の分岐に出て、東岳、硫黄山、第二火口を眺める。頂上直下のザレの斜面をトラバースし、白い雪の様な火山灰の細い稜線を慎重に進む。コケシ岩と呼ばれる岩稜を越え、雪渓を横切り、急斜面を登ると火口分岐に出る。ここから少し下ると硫黄山分岐で、イダシュベツからの三人が待っていて感激の対面をする。菅原さんと私は硫黄山に登るメンバーと別れ、硫黄沢を先に下ることにした。

梅沢さんのパーティーも十三時のバスに間に合う様に先に下って行った。硫黄沢から尾根に上がる分岐で無線交信すると、硫黄山を登って降りたメンバーの先頭が近くまで来ていた。尾根の途中のハイマツの中で後続が追い付き、新噴火口で全員合流して休憩する。硫黄臭がする登山道を下り、カムイワッカの下山口で皆で握手を交わし縦走を終えた。

知円別岳からの細い稜線を硫黄山に向かう

ルシャ山
硫黄山
東岳
知円別岳
羅臼岳〜硫黄山コース
南岳
二ッ池
オッカバケ岳
C1
サシルイ岳
羅
臼
町
オッカバケ川
天狗岩
サシルイ岬
C1
海豊川
サシルイ川〜海豊川
サシルイ川
羅臼コース
海岸町
さいもく岩トンネル
ガイズ岩
羅臼温泉
湯ノ沢町
羅臼町

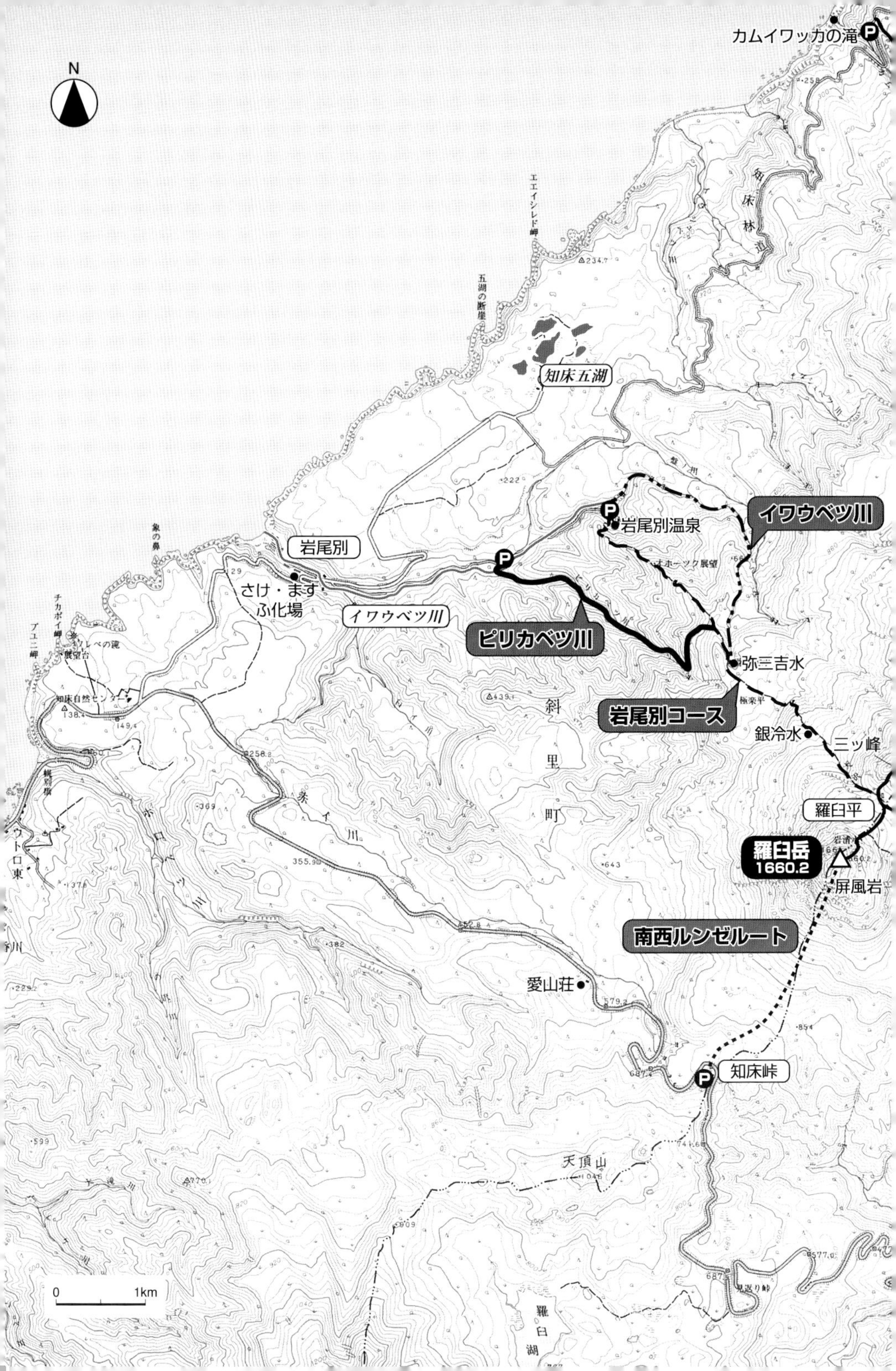
N
カムイワッカの滝
知床林道
エエイシレド岬
五湖の断崖
知床五湖
イワウベツ川
岩尾別温泉
オホーツク展望
岩尾別
さけ・ます
ふ化場
イワウベツ川
ピリカベツ川
弥三吉水
岩尾別コース
極楽平
銀冷水
三ッ峰
羅臼平
羅臼岳
1660.2
屏風岩
南西ルンゼルート
斜
里
町
象の鼻
チカポイ岬
プユニ岬
展望台
知床自然センター
ホロベツ川
ウトロ東
愛山荘
知床峠
天頂山
羅
臼
湖
見返り峠
0
1km

●登り……………3時間10分
●下り……………1時間20分
●メンバー…田島康雅
伊藤健司
渡辺俊文
伊藤正博
1994年5月8日

南西ルンゼルート（残雪期）

ゴールデンウィークに知床峠から羅臼岳に登るのが最短のルートである。自然センターのゲート前には開通を待つ車が並んでいた。十時になるとゲートが開き、十五分で知床峠の駐車場に着く。

山スキーを装着していると、観光客からどこへ行くのかと質問される。羅臼岳に登るのだと言うと驚いた様子で、たくさんのギャラリーに見送られながら出発する。目の前には大きな羅臼岳が聳え、広い雪原の中腹には黒々とハイマツが出ているが、頂上まで雪は繋がっている。

前方にスキーを背負い、つぼ足で歩いている人の姿が見える。山スキーで進んで行くうちに途中で先行の人に追い付き、顔を見ると会の星加さんであった。ルンゼの上からスキー滑降する為に来たのだという。

やがて、ルンゼ入り口の左側に「へそ」と呼ばれる大きな岩の所で休憩する。アイゼンを装着し、スキーに自信のない私と渡辺さん

ルンゼの全景

はここにスキーをデポするが、田島さんはスキーを背負い、伊藤健司さんはザックにつけたロープでスキーを引っ張り登って行く。ルンゼの中程まで登ると斜度がきつくなり四〇度位になる。

昨年の正月に田島、松井、伊藤健司さんの三人でアイスバーンのルンゼを登ったという。前を登る人の足が、アイゼンの前爪以外は全部足の裏が見えたと健司さんは登りながら教えてくれた。今日は雪が腐ってはいるが、転倒すると何百メートルも滑落する危険があるので気を抜くことはできない。ルンゼを登り切るとカール状の台地となり、ここから星加さんはルンゼの中をまるで落ちるように滑降していった。私と渡辺さんとで頂上に向かう。雪と岩の頂上からは硫黄山までの連山が残雪模様で眺められた。下りは峠の駐車場まで快適に滑降して短時間で下山し、ゲートが閉まる午後三時半には間に合った。

●登り……………………5時間40分

●メンバー…上村　榮一
伊藤　正博
金　久美子
水野　明子
金井　英子
車のサポート

2000年10月14日

南西ルンゼルート(秋期)

知床峠の駐車場の正面に羅臼岳が大きく聳え立ち、中央にこれから登るガレたルンゼが見えている。頂上付近が白くなっていて、冠雪しているようだ。

横断道路から笹の中に古い刈分けがあり、笹を分けながら小さな沢に入って行く。涸れ沢の中はブッシュもなく歩きやすいが、沢形が不明瞭になると笹が胸までになり歩きにくくなる。ときどきダケカンバに登ってルートファインディングをしながら沢と沢をつないでいく。

笹とカンバ帯を抜けるとハイマツ帯となるが、ルートの選定を誤るとハイマツとブッシュでしごかれる。リーダーの選定がよく、わずかにハイマツを漕いだだけでルンゼの取付に出た。

薮を出るとルンゼ入口

ガレたルンゼの中を登っていくと、クマの掘り返しのような穴があちこちにある。ルンゼの中ほどまで来ると斜度が四〇度位になり、足元が不安定なのできつい登りとなる。右側の岩壁が大きく崩壊しており、岩なだれがルンゼを襲ったようだ。先ほどの穴は転がってきた岩の衝撃で掘れた穴だと判明した。

白く凍てついたハイマツと大きな岩の間を登ると平らなカール状になり、フワフワの苔のジュウタンの上を通っていく。すぐに登山道と出合い、エビノシッポに覆われた真っ白な岩を登ると羅臼岳の頂上に着いた。夏はたくさんの登山者で賑わうが、今は我々だけの頂上である。

登山道を下りて行くと、岩尾別コースから頂上に登った金井さんが、ガスと雪で白くなった羅臼平で我々を待っていた。頂上で合流の予定だったが、我々が遅れて待たせてしまった。休憩後、岩尾別コースを下って行くと、道の両側は紅葉が鮮やかで、白の世界と極彩色の世界を味わえた一日であった。金井さんの車で知床峠に戻ってくると、羅臼岳が夕日に赤く染まっていた。

●入渓～C1 ………8時間00分
●メンバー…武田　榮
田島康雅
伊藤正博
馬場勝寿
マーク・ベンソン
1998年9月5日～6日

サシルイ川～海豊川（沢遡行）

岩尾別温泉の「ホテル地の涯」に車を置いてサシルイ川に向かう。サシルイ川の民家のおばさんが「クマがいるから気をつけて」と心配そうに見送ってくれた。

入渓するとすぐに砂防ダムがあり、右岸から腰までの徒渉で対岸の河原に出る。しばらく単調な沢が続き、やがて120m三股となる。サシルイ川の本流は右股であるが、真ん中の海豊川に入る。沢を紹介した本で「サシルイ川」と記録が出ているのは、この海豊川のことである。標高300mを過ぎた辺りから両岸が狭まりナメ床が続く。

標高380mで左岸から三段の滝が落ちている。地形図では落差が150m位あるようだが、最上段はガスで見えない。この滝のしぶきを浴びながら通過する。

しばらく進むと前方に三段の滝が現れ、二段目の滝の左岸をザイルを出し

標高600m二股の右股の三段滝

て通過する。６００ｍ二股はどちらも滝となっており、迫力のある二股である。左股は屏風岩からの沢で４０ｍのナメ滝だが、右股の三段の滝を登る。上段の草付をトップがバイルで登りザイルを垂らす。この滝を越すとすぐに階段状の滝があり、シャワークライムで通過する。その後、いくつかの小滝を簡単に越し、ナメ床を快適に行くと８５０ｍ二股となる。右股は三ツ峰に向かっているが、左股の１０ｍの滝を直登する。すぐにテント場を開き、焚火を囲み酒宴となる。馬場さんの大きなザックから５００㎖のエビスビールが人数分の五缶出てきて、一同、驚き喜んだ。

●C1～羅臼平 ……2時間00分

ガスの中、羅臼平に向かう沢形を進み、右へ右へと向かう。涸れ滝を越えた頃から晴れてきた。沢形を登り切ると標高１３００ｍで夏道に出て、羅臼平で大休止。

今日は網走山岳会のケルン祭があり、会のメンバーが十時に羅臼平に到着するのだが、まだ七時四十分なので岩尾別コースの夏道を下ることにした。途中、たくさんの登山者と会い挨拶が忙しい。銀嶺水の水場を過ぎて会のメンバーと出会い、楽しく話をして別れた。

標高 850 m 二股の左股の滝を直登する

●弥三吉水から下降……………4時間00分
●メンバー…武田　榮
田島康雅
伊藤正博
馬場勝寿
マーク・ベンソン
1998年9月6日

イワウベツ川（沢下降）

アイヌはイワウベツ川の上流を「ペナクシポロナイ」と呼び、「山側を通る大きい川」の意味。昨日からサシルイ川〜海豊川を遡行し、羅臼平から岩尾別コースの夏道を下り、弥三吉水の水場からイワウベツ川に入渓する。

沢の降り口にはテイッシュが散乱していて、アンモニア臭もする。ここは、日本百名山の羅臼岳を目指す登山者の自然トイレの場所なのだ。源頭部から少し下るとトイ状の滝が現れ、左岸を高巻く。いくつかこのようなトイ状の流れが続き、小滝も現れ三回の懸垂をする。何度か時間短縮のため釜に飛び降りる。最後の滝からは岩尾別温泉まで道がついている。滝のそばにある「滝見の湯」の露天風呂に入り、二日間の沢旅をしめくくった。

小滝を懸垂下降する

●入渓～
標高500m滝 …3時間00分
●標高500m滝～
夏道出合 ……………3時間00分
●メンバー…伊藤正博
前川公彦
小林久美子
青木玲子
及川祥光
2004年9月5日

ピリカベツ川(沢遡行)

ピリカベツはイワウベツ川の支流で「きれいな川」という意味であるが、アイヌは元々「ソウシペッ」と呼び、「滝多い川」の意味であるという。きれいで滝が多い川なら見てみたいと思い、遡行してみた。

岩尾別温泉の駐車場に車を一台置き、イワウベツ川の「勝利橋」の空き地に駐車して入渓する。

イワウベツ川を300m下るとピリカベツ川の出合である。水量は少なく、広い河原に細い流れが蛇行している。しばらく単調な河原が続いて、本当に滝多い川なのかという疑問が頭をかすめる。三十分も進んだ頃、両岸が狭まり岩盤となって四段のナメ滝が現れた。皆から歓声が上がる。

これを越すと小滝が連続し、へつり、微妙な直登、チムニー登り、全身でのシャワークライムと息つく間もないほど、それぞれの滝を越えて行く。緊張の連続。私はへつりで失敗して釜に落ちる。標高350mで前が開け、842mPが見える。滝は連続し、標高420mで通過できない二段の滝があり、右岸の沢状の草付きを高巻く。ロープで沢に戻っても滝は続き、標高500mでも通過困難な滝が現れる。右岸の草付きと樹林を大きく高巻く。標高630mの崖上から沢を見下ろし、地形図にある標高600mの滝を上から見ようと思ったが見えない。高巻きで越してしまったらしい。

沢の突き当たりに、極楽平から落ちる滝が見えるが、あれだけの滝が地形図に載っていないのはなぜだろう。ここからは842mPが近くに大きく見える。842mPの中

四段のナメ滝

腹を北二〇度にコンパスを定め、トラバースして夏道に出ることにした。ハイマツを避けながら雑木の間を進むが、枝が混んでいて苦労する。しばらく辛抱しながら進み、やっと歩きやすいダケカンバの林に出た。

ここは尾根の上ですぐに夏道に出るはずだが、どうも違うみたいだ。皆で地形図を見て検討する。現在位置は一本手前の枝尾根の標高６５０ｍで、夏道のある北西尾根を越えていないことが分かった。沢状の上部を周り込むように東方向に登り、８４２ｍＰ北西尾根を越えると標高７４０ｍの夏道に出ることができた。思った以上に時間を費やした。大休止していると、登山者が下ってきて挨拶を交わす。休憩後、夏道を下り岩尾別温泉の駐車場に下山する。

確かにピリカベツ川は「ソウシペッ（滝の多い川）」であった。

三ツ峰〔みつみね〕

一五〇九メートル

羅臼岳の隣にあり、羅臼平から十五分の登りで基部に着く。その名の通り三つのピークがあり、そのうち二つには踏み跡の道がついていて、どちらも十分程で登ることができる。

もう一つは道がないので若干のブッシュとハイマツを漕ぐことになるだろう。この山だけを目指して来る人はいなく、縦走路から眺めて通過する人がほとんどであるが、時間があれば登ってみるのもいい。この辺一帯はお花畑で七月が見頃である。サシルイ岳とのコルにはキャンプ地があり、早い時期だと水場もあるが、風の通り道にもなっている。

羅臼平から三つのピークを見る

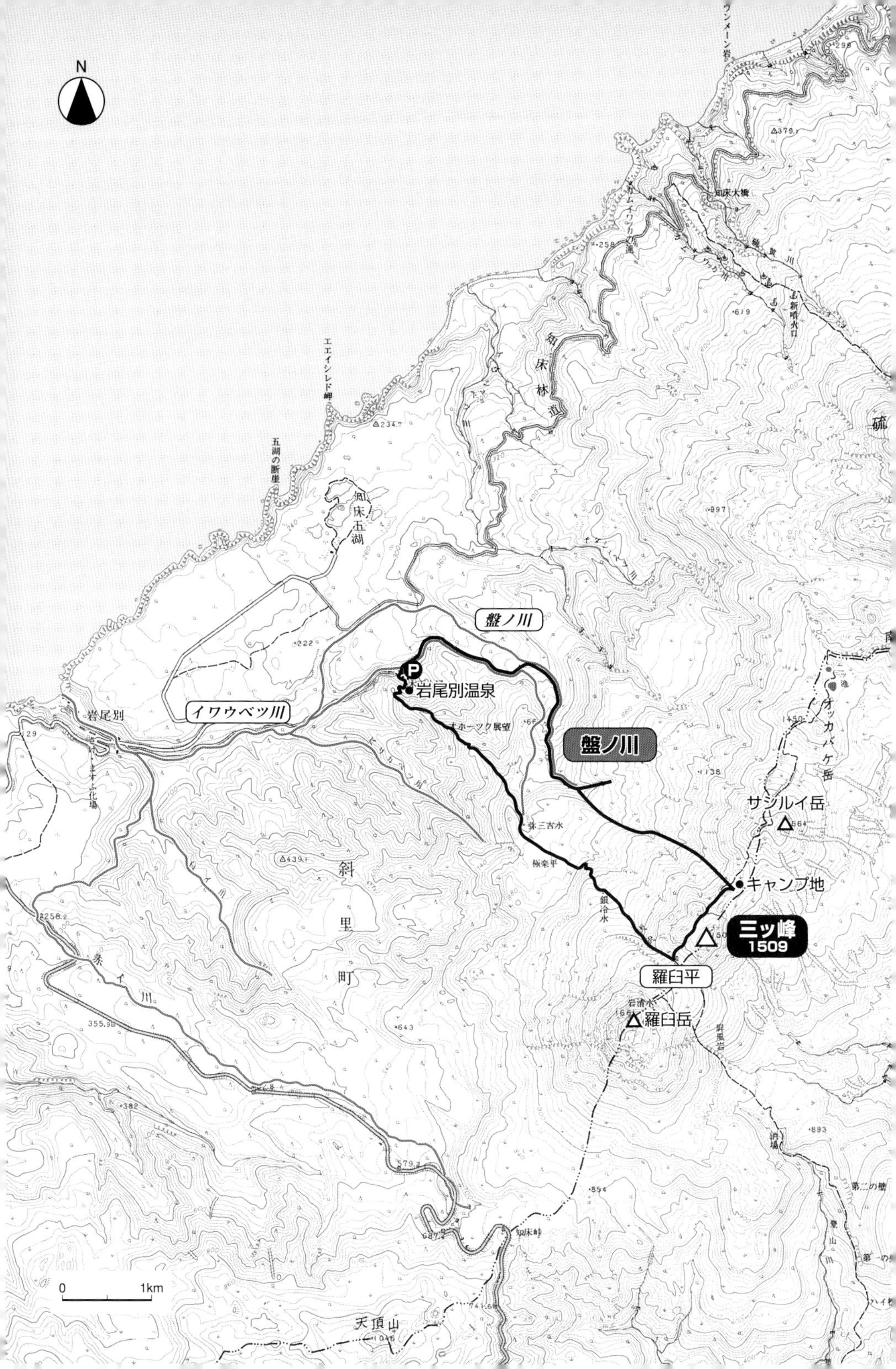
N
盤ノ川
イワウベツ川
岩尾別温泉
岩尾別
盤ノ川
キャンプ地
サシルイ岳
オッカバケ岳
三ッ峰
1509
羅臼平
羅臼岳
知床五湖
知床林道
エエイシレド岬
五湖の断崖
斜
里
町
知床大橋
オホーツク展望
弥三吉水
極楽平
銀冷水
知床峠
天頂山
0
1km

●入渓〜三ツ峰キャンプ場
……………………7時間00分
●メンバー…伊藤健司
伊藤正博
渡辺俊文
1993年7月25日

盤《ばん》ノ川（沢遡行）

盤ノ川はイワウベツ川の支流で、アイヌは「パナクシポロナイ」と呼び、「浜側を通る大きい川」の意味である。すぐ隣のイワウベツ川の上流は「ペナクシポロナイ」と呼ばれ、「山側を通る大きい川」の意味である。

イワウベツ川本流と盤ノ川とを組み合わせると、滝の数も多くなり、ナメ、トイ状の流れ等変化に富み、快適な日帰りの沢として楽しめる。

岩尾別温泉「ホテル地の涯」の露天風呂前を通り、イワウベツ川に沿って道がある。入渓して間もなく最初の滝が現れ、小滝が連続する。標高430m辺りから細いトイ状の流れが50mも続く。流れは早く、トイから溢れんばかりの水量で苔で滑りやすい。ここを通過して、標高450m付近で沢が左折した辺りから尾根を越えて隣の盤ノ川に移る。尾根は鹿道があり歩きやすい。

盤ノ川は狭い川幅の中にスラブやナメ床が続き、640mで大きい滝が現れる。ここは右岸を高巻く。次は川岸いっぱいにアヤメの花が咲く「アヤメの滝」で、階段状をシャワークライムで登る。いくつかの小滝を越えると、やがてサシルイ岳の稜線が見えてきて、750m二股を右に入る。1000m付近で水が涸れ、正面に見える涸れ滝を越えるとお花畑となり、わずかなハイマツ漕ぎで三ツ峰のキャンプ地がある縦走路に出る。羅臼平に出て夏道を岩尾別温泉に下る。

標高 640 m の滝

サシルイ岳〔さしるいだけ〕　一五六四メートル

　サシルイ岳は羅臼岳から硫黄山へ縦走する際に通る山で、三ツ峰のテント場から四十分程の登りで着く。山容は双耳峰で、頂上は縦走路から少し東に外れた所にあるため、頂上を踏まないで通過する人がほとんどである。北斜面には夏遅くまで大きな雪渓が残り、冷たい水を汲むことができる。

　羅臼側の海岸町に「サシルイ」という所があり、「昆布・太い・所」の意味である。サシルイ川やサシルイ岳の語源はここに因る。

北斜面の雪渓

●河口〜標高４００ｍＣ１……………9時間33分
●メンバー……武田　榮
前川公彦
伊藤正博
２００4年8月28日〜29日

サシルイ川本流（沢遡行）

沢登りで、「サシルイ川」と本や記録に紹介されているのは、標高１２０ｍ三股から中股を遡る「海豊川」のことで、知床を代表するポピュラーな沢である。１２０ｍ三股から右股を進むと「サシルイ川本流」で、遡行記録なども目にしたことが無い、行く人も希な沢である。

羅臼温泉国設キャンプ場に車を一台置き、海岸町サシルイ橋にある「サシルイ自然公園」の駐車場から沢に入る。砂防ダムを右岸の固定ロープで越して川に入ったが、以前は腰まで水に浸かったのに、今回は浅くなっていた。ダムに土砂が溜まったのか、異常な暑さ続きで水量が減少したのだろうか。マスを狙って集まるクマを警戒しながら単調な沢を進むと、やがて標高１２０ｍ三股となる。

本流の右股に入り、途中で小一時間釣りを楽しみ、オショロコマを一人五匹ずつキープして進む。やがて、地形図に滝マークのある標高２７０ｍの大滝に着いた。５０ｍ位の斜め滝で、

標高 270 m の大滝

五段になって落ちている美しい滝である。右岸のブッシュを高巻いて沢を進むと、小滝の連続となり直登や高巻きで越えて行く。巨岩が続くようになり、目の前に３０ｍの涸れ滝が現れる。地形図に滝マークのある標高４３０ｍの滝である。地形図では標高６８０ｍまで水線が入っているが、滝の手前で水が涸れていた。水が伏流していると判断して滝を越えることにする。

岩壁に沿って左岸の草付きを登り、岩壁のバンドをロープを出して取り付く。岩が脆く、滝を越えるのに二時間半費やした。滝の上からは函になり、釜を持った涸れた小滝が続いている。三十分進んでみたが、水が出てくる様子がないので遡行を中止して戻ることにする。登るのに二時間半費やした大滝をロープ懸垂であっという間に降り、右岸のイタドリを倒してテントを設営する。

巨岩帯の中に、岩で囲まれた四角いスペースがあり、底には砂が敷かれた天然の焚火場があった。周りに流木もあり、風も無いので煙がまっ直ぐに立ち上り、まったく煙くない理想的な焚火である。釣ってきた魚を木の枝に刺して焼きながら、酒宴の夜となった。

●Ｃ１～下山　………14時間53分

朝起きると晴れていて、テントを撤収して出発する。涸れ大滝を越すのに昨日は二時間半を費やしたので、今日は左岸を高巻くことにする。

草付きと笹の斜面を登り、樹林の中を下降すると一時間で滝の上に着いた。函がしばらく続き、その中に釜を持った涸れた小滝が連続している。滝の岩壁は磨かれているの

標高 700 m の階段状の涸れたナメ滝

で直登は無理で、高巻きの連続となる。

函から抜け出ると標高５００ｍで沢は大きく右へ屈曲する。二つの涸れ滝を高巻きして進むと５９０ｍ二股となるが、ここまで来てもまだ水が出てこないので不安になる。昨日、大滝の下まで戻ったのは正解だった。左股を行くと、大岩の窪みに一昨日降った雨水が溜まっていたので、５００㎖をボトルに汲んだ。もしこれからも水が出ない場合、最悪のことを考えてのことだ。

しばらく行くと、先頭の前川さんが「水だっ！　水が出ている」と叫んでいる。岩の下から冷たい水がチョロチョロと流れ出ている。皆で「助かった」と言いながら、腹一杯水を飲む。結局、標高４００ｍからここの標高６７０ｍまで水は涸れていた。地形図では水線が入っているのに、どういうことだろう。

この後、水は伏流したり出たりしていた。やっと前が開け、遠くに稜線が見える。６９０ｍ二股を左に入ると、エゾコザクラが咲く階段状の涸れたナメ滝が続き、快適に登って行く。標高８３０ｍに１５ｍの涸れ滝があり、左岸の鹿道を高巻いていると、もう一つ同じ様な滝が見えるのでこのまま高巻いてしまう。地形図では標高９００ｍからガレマークが長く続いているが、雪渓が三カ所出てきて、両岸はお花畑となっている。もう悪場も無く、順調に高度を稼いで１３５０ｍ二股となる。

左股を登るとすぐにザレた沢が終わり、ブッシュの鹿道を辿って行く。ハイマツを避けて少し右にトラバースすると、ザレの斜面にコマクサの花がびっしりと咲いている。サシルイ岳の頂上が見えていて、あと十分の登りで着きそうだ。天気が良く、羅臼岳や三ツ峰の縦走路も一望できる。時間短縮のため頂上には登らずに、サシルイ岳から南に延びる浅い沢をトラバースして縦走路に向かうことにした。

しかし、思った以上に背の高いハイマツに手間取り、時間の短縮になったのかどうか分からないが、サシルイ岳と三ツ峰キャンプ場の中間の縦走路に出た。キャンプ場の水場は予想通り涸れていた。縦走路を羅臼平に向かい、羅臼コースの登山道を下り、羅臼温泉キャンプ場に下山したのは二十時二十分であった。

羅臼岳と三ツ峰を一望

モセカルベツ川河口までデポ車を回収に行くという斜里山岳会さんに乗せていただき、サシルイのデポ車を回収することができた。ポピュラーな「サシルイ川～海豊川」より、「サシルイ川本流」はハードな沢であった。

イダシュベツ川右股（沢遡行）

ウトロから車で知床林道を三十分程でイダシュベツ川に着く。入渓してほどなく二股から右股に向かう。最初の滝は二段50mで、一段目は左岸の崩壊地をザイルを出して通過する。二段目も左岸を続けて巻く。F2約25mは直登可能と思われ、滝の真ん中に取りつく。取付から5mのところにハーケンを打って進むが、上に抜けるには上部の見通しがきかないまま10m程登らねばならず、あきらめて高巻く。

F3は大きな洞窟を上下に二つ持った滝で、右岸を高巻くが降り口が崖となっているため、8mの懸垂で滝の落ち口に降りる。F4は階段状の滝で難なく直登で通過。標高900mからはゴルジュとなって沢水もなくなり、苔の洞門の様子。奥にオッカバケ岳に続く稜線が見える。このゴルジュ帯の出口に約15mのF5があり、一人が左岸を巻きザイルを垂らす。

920m二股から右股に行くと馬蹄形の崖を持った滝が現れる。この時点で十三時を過ぎており、ここも高巻きに一時間は要しそうで、サシルイ岳へ続くこの沢は断念。戻って左股に入る。稜線の標高1319mに続く沢形の源頭からはブッシュ漕ぎもせいぜい500m位と思われるので、コンパスを定めてブッシュに入る。予想通り約500mを一時間で夏道に出る。激しく雨が降ってきて、急いでどろどろの縦走路を下る。オホーツク展望からヘッドランプを点けて木下小屋に下山した。

（記・武田　榮　氏）

●入渓～稜線夏道…11時間25分
●メンバー…武田　榮
上島信彦
鈴木真紀子
犬塚
1999年7月25日

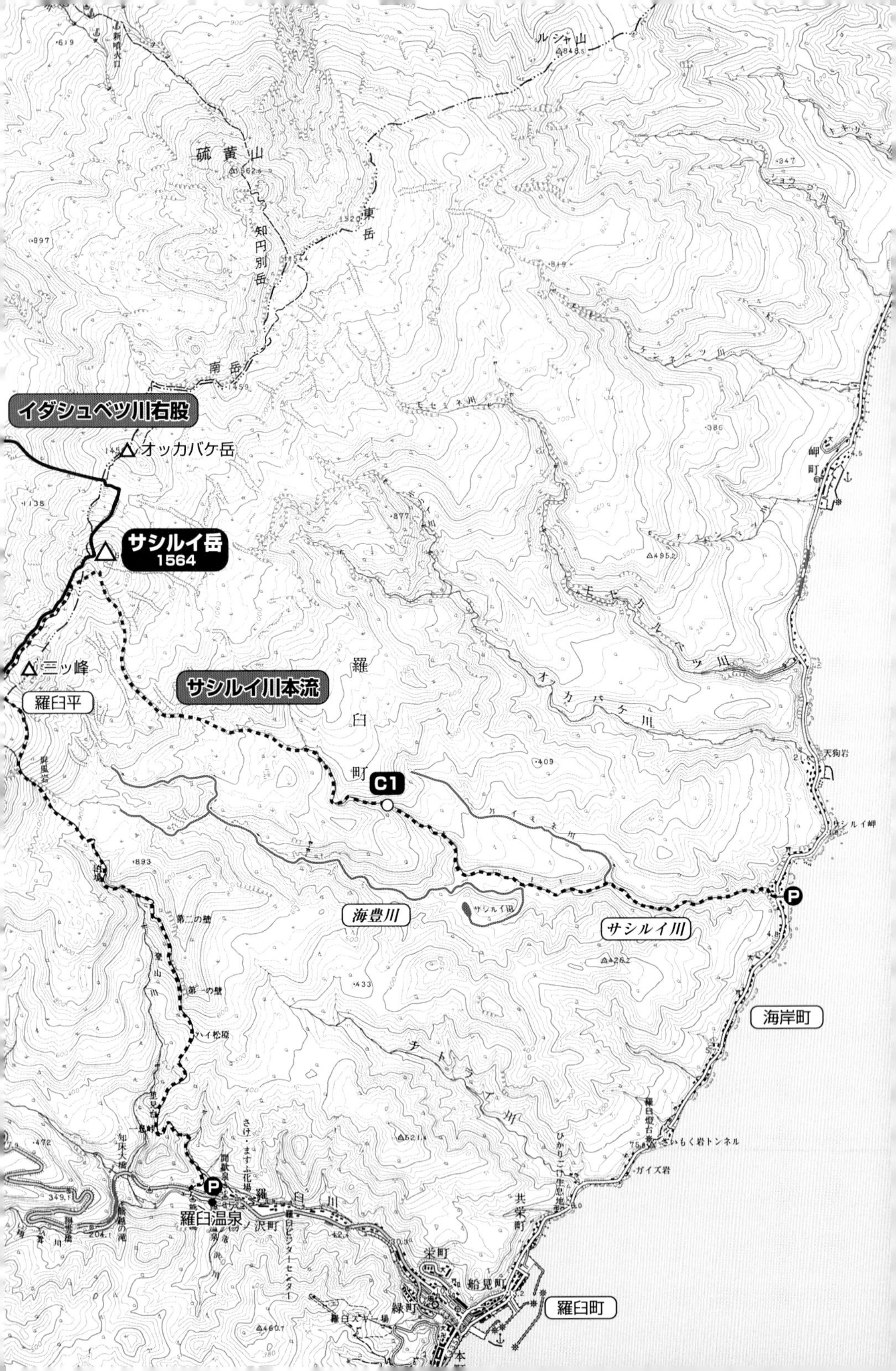

イダシュベツ川右股
サシルイ岳
1564
サシルイ川本流
C1
オッカバケ岳
三ッ峰
羅臼平
硫黄山
知円別岳
東岳
南岳
ルシャ山
羅臼町
海豊川
サシルイ川
サシルイ岬
天狗岩
海岸町
羅臼温泉
羅臼町
第二の壁
第一の壁
ハイ松原
さいもく岩トンネル
ガイズ岩
船見町
緑町

N
知床林道
エエイシレド岬
五湖の断崖
知床五湖
イダシュベツ川
岩尾別温泉
岩尾別
象の鼻
チカポイ岬
プユニ岬
フレペの滝
展望台
知床自然センター
オホーツク展望
弥三吉水
極楽平
斜里町
羅臼岳
ウトロ東
ウトロ香川
ウトロ中島
知床峠
天頂山
見返り峠
羅臼湖
知西別岳
0
1km

オッカバケ岳〔おっかばけだけ〕　一四五〇メートル

　羅臼岳から硫黄山へ縦走する際に踏まれる山で、サシルイ岳からは三十分の距離にあり、双耳峰のなだらかな山容である。山頂から十五分程下った所にキャンプ地の二ツ池がある。

　山名は羅臼側にあるオッカバケ川の源頭に位置することに因る。語源は「オチカペワキ」で「そこに鳥が住んでいる所」の意味で、河口の天狗岩に鳥がよく止まっていることに因る。

二ツ池から見る

●下り………………8時間30分
●メンバー…武田榮
長屋栄一
伊藤正博
下間洋司
山本
1999年9月5日

オッカバケ川（沢下降）

前日にモセカルベツ川を遡行し、二ツ池にテントを張った。二ツ池南のオッカバケ岳の登りにかかる所から夏道を離れて沢に入る。

見晴らしのいい草原を下り、ブッシュの沢形を進むと雪渓のあるガレ沢になり、水を汲む。しばらく行くと標高960mで涸れた滝に出て、ポーラード状の岩に捨て縄をセットして懸垂するが、25mぎりぎりで下に着く。早い時期だと水の流れがあると思われる。

750m二股までは何もない。標高650mに15m位の滝があり、左岸から懸垂で降りる。すぐに、通過できない三段の函滝やトイ状の小滝が続き、巻いて降りる。370m二股で大休止して、釜で泳いだりナメの滑り台で遊ぶが、水は非常に冷たい。

ここからは平凡な沢が続き、途中でクマが鹿を地中に埋めて隠した所があり、鹿の足だけが地上に出ていた。クマが近くにいると危険なので、急いで貯蔵場所から離れる。しばらく河原を歩き、砂防ダムを越えると民家の見える林道に着いた。

沢の下流部に鹿の角が落ちていた

N
二ッ池
C1
南岳
1459
オッカバケ岳
1450
サシルイ岳
オッカバケ川
モセカルベツ川
オッカバケ川
天狗岩
P
サシルイ岬
サシルイ川
海岸町
硫黄山
知円別岳
東岳
ルシャ山
羅臼町
0
1km

南岳〔みなみだけ〕　一四五九メートル

南岳はシレトコスミレの生育地として知られているが、羅臼岳から硫黄山へ縦走する際に踏まれる山で、頂上を意識しないまま通過する人が多い。南岳は直径約2・2kmの第一火口の外輪山の一角にある。第一火口は西に大きく開いているが、これは南岳の巨大な山体崩壊でできたもので、膨大な量の岩屑なだれの堆積物がオホーツク海側へ拡がっていて、その末端は知床五湖まで達している。目立たない山容であるが二ツ池から見ることができる。

二ツ池から見る

知円別岳〔ちえんべつだけ〕　一五四四メートル

羅臼岳から硫黄山へ縦走する際に、南岳を過ぎてから硫黄山へ向かう分岐の山である。頂上直下をトラバースして通過する人がほとんどで、頂上を踏む人は少ない。知円別岳は南岳や東岳とともに硫黄山の外輪山といわれる。東岳側の砂礫地にシレトコスミレ、コマクサ、メアカンフスマが同じ場所に混生している。山名は羅臼側岬町のチエンベツ川の上流に位置することに因る。語源は「チェップンペッ」で「魚・そこに入る川」の意味。

ヤセ尾根から見る

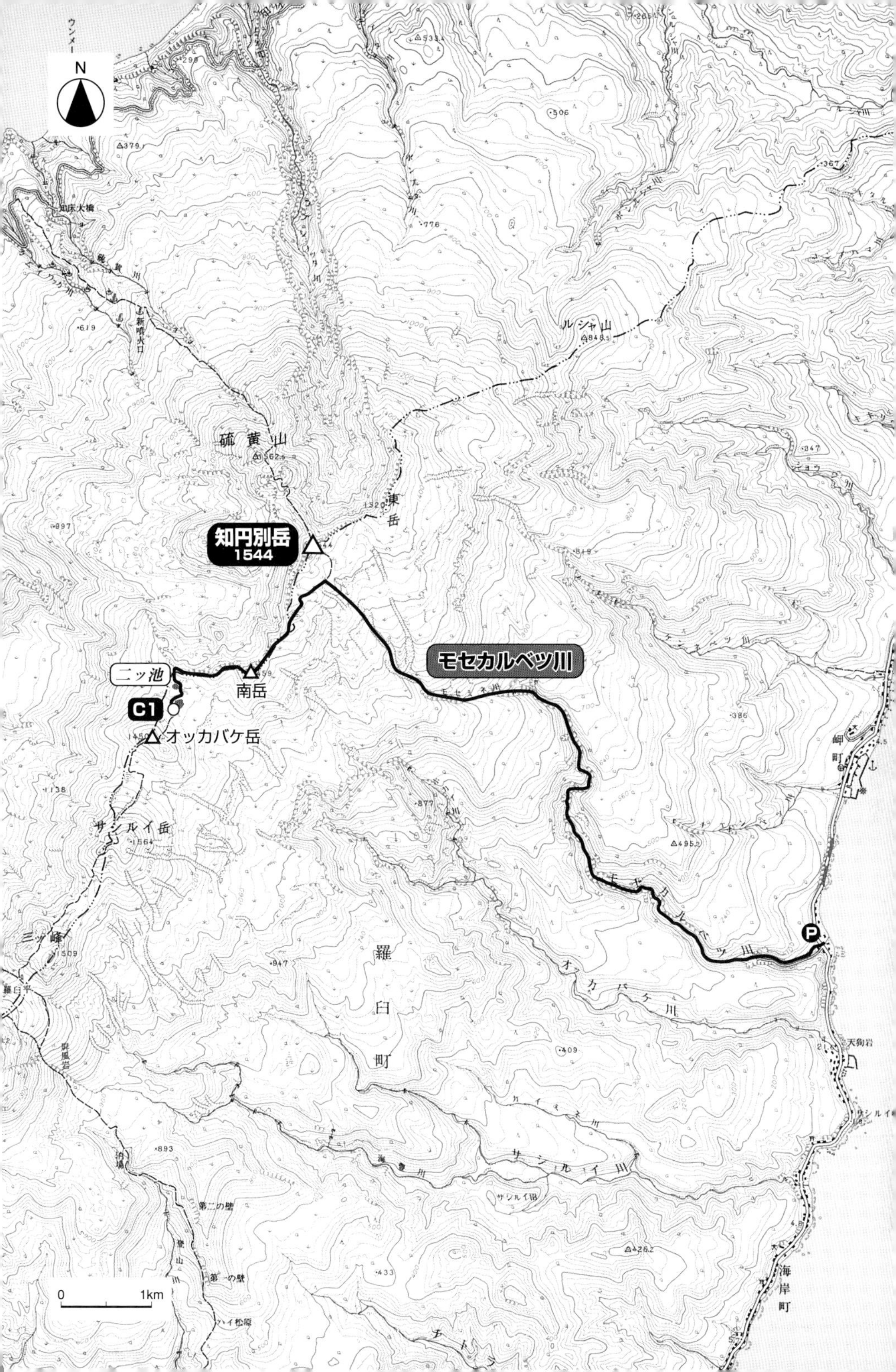
N
硫黄山
知円別岳
1544
東岳
モセカルベツ川
二ッ池
C1
南岳
オッカバケ岳
サシルイ岳
三ッ峰
ルシャ山
羅臼町
オッカバケ川
サシルイ川
天狗岩
岬町
海岸町
知床大橋
新噴火口
羅臼平
第二の壁
第一の壁
ハイ松原
サシルイ沼
P
0
1km

●入渓～二ツ池……9時間56分
●メンバー…武田　榮
　　　　　　長屋栄一
　　　　　　伊藤正博
　　　　　　下間洋司
　　　　　　山本

1999年9月4日

モセカルベツ川（沢遡行）

モセカルベツの語源は「モセカルペッ」で「イラクサを・採る・川」の意味である。

羅臼側の岬町にある河口から林道を行き、採石場の手前に駐車する。沢に入るとすぐにナメが始まり、十五分程続く。ナメを抜けると広い川原となり、しばらくすると両岸が狭まり最初の滝が現れる。標高３２０ｍにも滝があり、その後小滝が続く。標高４００ｍに２０ｍの滝があり、右岸の側壁を登る。ホールドはたくさんあり、容易に通過できるが高度感はある。さらに滝とナメ床が連続して快適である。途中の川床に小さな噴水があり、岩盤の穴から噴き出ているもので非常に珍しい。

６８０ｍ二股を左股に入ると涸れたナメ滝があり、出口は垂直で微妙なバランスを要するが、残置ハーケンを利用して抜ける。早い時期は水の流れがあると思われる。１０７０ｍ二股を左股に入る頃から濃いガスとなり、コンパスを定めてブッシュに突入する。一時間半ブッシュと格闘して、やっと知円別岳と南岳との縦走路に出た。

１０７０ｍ二股は右股を行くのが正解と思われ、左股は苦労するルートであった。ブッシュ漕ぎから開放され、縦走路を一時間半で二ツ池に着き、テントを張る。

下流部は小滝が続く

硫黄山〔いおうざん〕

一五六二・五メートル

硫黄山は活火山として知られ、山腹にある新噴火口は現在でも活発に噴気や熱水活動を続けている。

近年では一九三六(昭和十一)年に噴火し、総量20万tもの硫黄を噴出し、カムイワッカの沢を黄金の川となって海に流れ下った。硫黄採掘の建物跡が今でも残り、採掘に従事した人は過酷な労働を強いられた。

登山口に近いカムイワッカ湯の滝は観光客で賑わう。名花シレトコスミレの山としても有名で、白い可憐な花に心が洗われるが、頂上から下山する際にウブシノッタ沢に迷い込まないよう注意が要る。

アイヌ語では「イワウヌプリ」で、「硫黄の山」の意味である。

頂上にある一等三角点の点名は「硫黄山」

もろい岩でおおわれる頂上部

●登り…………4時間30分
●下り…………3時間00分
●メンバー…水野明子
正保美代子
伊藤正博
1999年7月4日

硫黄川コース（夏道）

湯の滝で有名なカムイワッカ川の橋を過ぎると硫黄山の登山口がある。樹林の中の道を登るとやがて尾根上となり、道の脇にシラタマノキがたくさん生えている。一時間程で硫黄の臭いや蒸気が出ている新噴火口に着く。休息後、樹林帯に入ると笹とハイマツの道は歩きにくく、やがて尾根から硫黄川の沢に降りて行く。この沢は早い時期や雪の多い年だと上部まで雪渓で覆われているのだが、今日は岩が露出していて歩きにくい。

沢が終わりに近くなる辺りに、左岸のザレ斜面にシレトコスミレとメアカンキンバイ、メアカンフスマが咲いている。一面のシレトコスミレの群落に歓声を上げる。

沢の中は大きな岩で歩きにくい

沢から尾根に出て、ザレと岩の急斜面を登ると頂上に着いた。頂上にはＫ市からの市民登山会の登山者がたくさん休んでいて驚いた。後で知ったが、頂上から下る時に二人がケガをしてヘリコプターで運ばれたという。頂上直下は岩が脆いので注意が必要である。

●登り……………6時間30分
●メンバー…武田　榮
馬場勝寿
鈴木真紀子
1999年7月3日

硫黄川（沢遡行）

知床大橋を渡り右岸から硫黄川に降りる。橋からはかなりの傾斜に見えるが、立ち木があるので楽に降りられる。沢は両岸が迫り、橋の上から見るよりもかなりの圧迫感がある。すぐに二股となり、左股から滝となって落ちている。

先へ進むと川幅が広がり、三段３０ｍのＦ１が現れる。Ｆ１を高巻きして越えると、すぐに大きな洞窟を持ったＦ２が現れるがこれも高巻く。しばらく行くとＦ３、Ｆ４と続く。Ｆ５は両岸にまたがる馬蹄形の崖を持っている。もし高巻くとしたら、右岸左岸とも１００ｍ以上も下ってからの大高巻きとなってしまう。ハング気味の所を二人の人

シレトコスミレのかれんな花

間ピラミッドを足場にして、もう一人がアブミとシュリンゲを木の枝にセットして登る。ここの通過に一時間以上を費やした。

Ｆ６は左岸を巻いたが、崩壊した土付きの為落石に注意が要る。Ｆ７とＦ８は滝の落ち口近くまで雪渓で覆われており、直登は難しいと思われ高巻く。

Ｆ８の高巻きは崩壊した土付きをザイルを出して通過する。Ｆ８を高巻くとすぐに夏道に出たので終了とした。そのまま夏道を下り、新噴火口の下からカムイワッカ沢を下降した。


（記・武田　榮　氏）

●下り…………………1時間30分
●メンバー…武田　榮
　　　　　　馬場勝寿
　　　　　　鈴木真紀子
1999年7月3日

カムイワッカ川（沢下降）

硫黄の有毒成分を含む恐ろしい水のため、「カムイワッカ」とは「神（魔）の水」の意味である。

硫黄川を遡行し、新噴火口の下から沢への降り口は板状の崩れやすい岩の所で、ガラガラと岩を崩しながら下る。滝の右岸側壁から川に降り、しばらく行くとナメが続き、沢のいたる所から温泉が流れ出ている。銅が混じっているのか濃い緑色の温泉は熱く手にしみる。最上段の温泉へのナメ滝の降り口にはハーケンが二本残置されていた。

捨て縄をセットして懸垂する。５０ｍザイルでぴったりと温泉の横に降りられたが、露天風呂に入っていた人達に異様な目で見られる。さっそく滝壺の温泉に入る。ブッシュ漕ぎの引っ掻き傷がしみて痛いが、いい湯加減である。湯上がり気分でカムイワッカを下山する。


（記・武田　榮　氏）

●硫黄山コルまで
登り ……………7時間40分
●メンバー…武田榮
マーク・ベンソン
田島康雅
伊藤正博
小林
1998年8月23日

ウブシノッタ川（沢遡行）

語源は「ウプシノッ」で「トドマツの群生している岬」の意味である。

硫黄山下山口に車を置いて知床大橋へ。知床大橋から先は許可車両以外は入れないので、林道を一時間歩き、ウブシノッタ川に架かる硫黄山橋に着いた。橋を渡り終えて、右岸から懸垂下降二回で川床に降り立つ。大岩の中を進むと、釜を持った小滝の連続となり、へつりや直登で快適に越える。

鉄分が多いのか赤茶色の川床を行くと、左岸にナメ滝が涼しげに落ちている。両岸は200～300mの切り立った断崖が源頭まで続いていて圧倒される。この崖は岩の脆い所があり、崩壊している

釜を持った小滝が連続する

所が数カ所あるので注意しながら進む。川の水は澄んでいてきれいだが、飲んでみると酸っぱくて非常にまずい。

しばらく巨岩帯を行くと、川幅いっぱいの7mのナメ滝があり容易に越える。あまりの暑さに何度も頭から水をかぶりながら進む。涸れ滝を二カ所越えると源頭までガレが続いている。崩れかかった両岸の崖は屈曲したゴルジュとなっており、ガウディの教会を思わせる世界が目前に広がる。ガレた沢を1190m二股まで行き、知円別岳と硫黄山のコルに出る小尾根に取りつく。急なガレを登り、夏道のある稜線に出て硫黄山のコルに着いた。

下山を開始して、新噴火口から二十分程下った夏道でクマと遭遇する。パキパキと木の枝が折れる音がして見上げると、三才位のクマが木の実を食べていた。五人で横に並び、ホイッスルを吹いたり、怒鳴ったり、石を投げたりするが何の効果も見られなかった。しばらくにらみ合いを続けながら、「クマは岩登りが苦手なので、いざという時は岩場に逃げて、襲ってきたら石などで戦うのが有効」などと話し合う。クマとの距離を詰めないように威嚇しながら尾根筋を迂回し、ようやく夏道に出て下山口の林道に着き、一同ほっとする。

●硫黄山まで登り……………5時間00分

イダシュベツ川(沢遡行)

語源は河口の辺りを「エタシペウニ」といい、「トドの沢山いる所」の意味である。アイヌは崖の上から大岩を落として、下で眠っているトドを獲ったという。

●下り…………2時間30分
●メンバー…マーク・ベンソン
武田　榮
長屋栄一
伊藤正博
下間洋司
1998年6月6日

計画書では一泊二日でモセカルベツ川を遡行し、オッカバケ川を下降する予定であった。しかし、単独で羅臼岳から硫黄山に縦走するつもりの人が途中迷って遭難し、イダシュベツ川の源頭辺りでビバークしているらしいとの情報が入る。遭難対策本部より救助要請があった為、急きょ計画を変更し救助に向かうことになった。

下山口の硫黄山登山口に車を1台置いて、イダシュベツ川の橋の左岸から入渓する。河原を行くと３５０ｍ二股に出て左股を行く。すぐに二段の滝があり、一段目は右岸を高巻く。明瞭な巻き道がついていて、すぐに二段目も高巻く。標高６００ｍあたりから傾斜が急になり巨岩帯となる。

６６０ｍ二股を左股に入ると１０分程で１５ｍの滝がある。水量は少ないが滑りそうなので慎重に右岸を直登する。両岸が狭まり、四段になったナメ滝を

四段ナメ滝

過ぎ、斜度のある巨岩帯を登っていく。

警察無線が入り、標高８５０ｍの涸れ滝の上に遭難者がいるらしいとのことで、皆で大声を出すと滝の上から遭難者が顔を出した。無線で「遭難者発見」と連絡する。涸れ滝を左岸から高巻いて滝の上に出ると遭難した人がいた。すぐにツェルトを張り、持ってきた下着を着替えさせ、暖かい食事を与えてから出発する。

遭難者は奈良県の人で、一晩ビバークしたとは思えない程元気で、我々より先にどんどん歩いて行く。「君は救助されたのだから列の中間を歩きなさい」と叱咤する。色々話を聞くと、最近、サロマ湖１００㎞マラソンを完走したとのことであった。元気なはずだ。涸れた沢形を行くと視界が開け広い台地に出る。ここは第一火口の中で、ここからは、廃道となった南岳から硫黄山への「沢コース」をたどる。

晴れていると正面に「外輪山コース」の稜線が望める。平坦なグラウンドを東方向に末端まで行く。ブッシュの沢形を横切り、第一火口のテント場に続く沢形に入る。ここのテント場は雪渓の水が流れる美しい所だ。テント場で警察隊と合流する。

ここからは硫黄山への縦走路に出る道がある。途中、遭難者が世話になった我々と記念写真を撮りたいと言うので皆でカメラに収まる。夏道を硫黄山の登山口に下山すると、たくさんの報道陣が待ち構えていた。

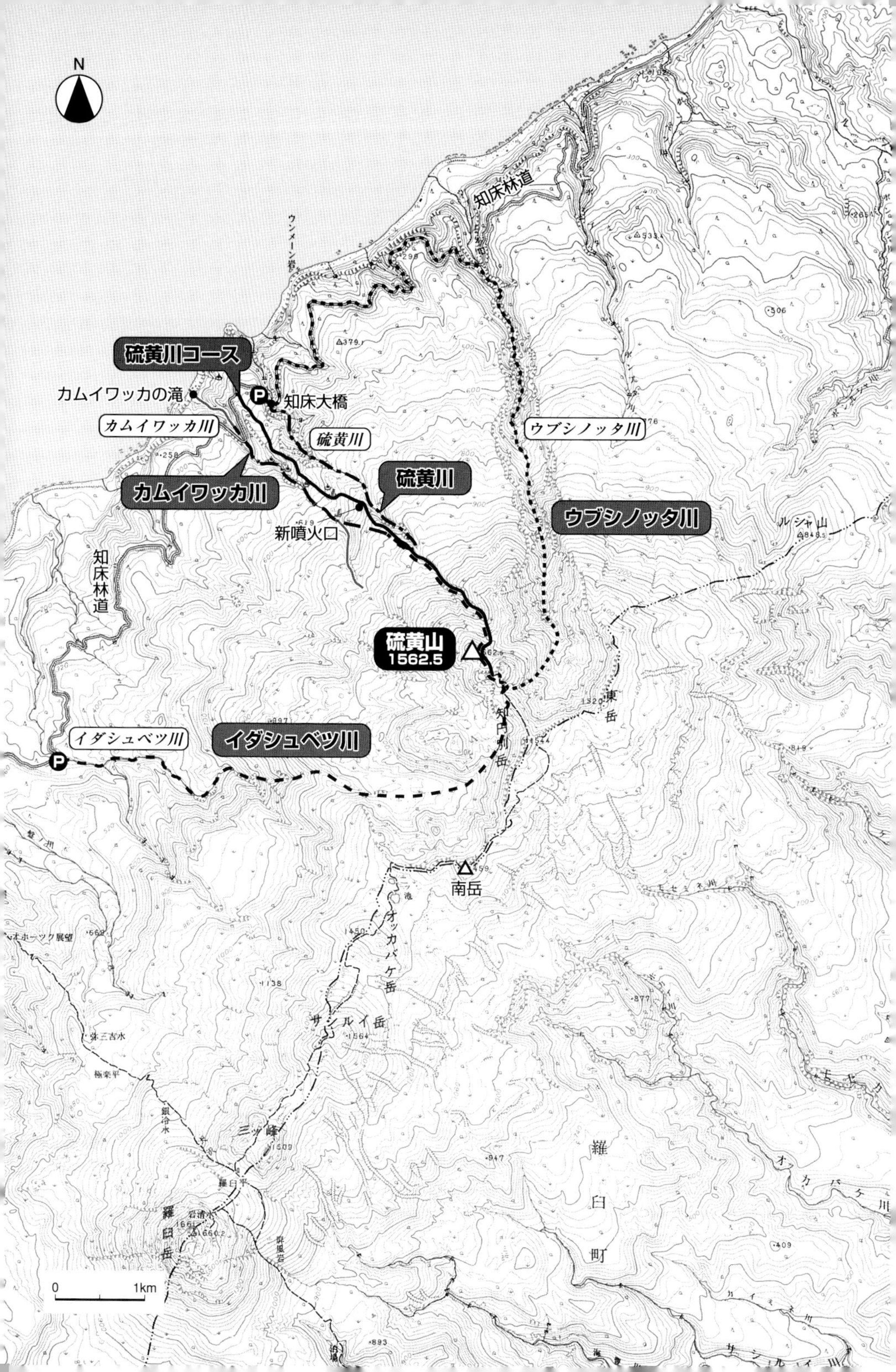

N
知床林道
ウンメーン岩
硫黄川コース
カムイワッカの滝
知床大橋
カムイワッカ川
硫黄川
ウブシノッタ川
カムイワッカ川
硫黄川
ウブシノッタ川
新噴火口
硫黄山
1562.5
知床林道
イダシュベツ川
イダシュベツ川
ルシャ山
東岳
知円別岳
南岳
オッカバケ岳
サシルイ岳
三ッ峰
羅臼平
羅臼岳
羅臼町
0
1km

東岳〔ひがしだけ〕　一五二〇メートル

東岳は知円別岳から1km程北東に位置する山である。山頂の南東面は緩い尾根が羅臼側に延びているが、北西面は第二火口に切れ落ちている。知床岬方向に縦走する際は東岳を経由しなければならない。知円別分岐から踏み跡があり、一時間程で頂上に立つことができる。昔は南岳に対して北岳と呼ばれていたこともあった。

第二火口に突き出た頂上

●入渓～C1 ………8時間46分
●メンバー…武田 榮
伊藤正博
才野 豊
田島康雅
馬場勝寿
岩田 聡
鈴木真紀子
1998年8月14日～16日

ポンルシャ川（沢遡行）

ポンルシャは「小さいルシャ」の意味で、ルシャ川の支流である。アイヌは「マタクシルシャ」とも呼び、「冬に通るルシャ」の意味。

硫黄山の登山口に車を一台置き、霧雨の中を知床大橋から林道を歩く。所々にクマの足跡があり、ホイッスルを鳴らしながら行く。足早に歩き二時間半でルシャ川の堰堤に着く。ルシャ川に入渓して広い川原をしばらく進む。ポンルシャ川の出合が見つからず、GPSで位置を確認すると、ルシャ川の標高128m付近まで来てしまったので2km以上戻る。

出合には流木が堆積しており、

C1でイワナを焼く

ポンルシャ川の入り口を見落として通過してしまったようだ。ポンルシャ川に入ると川幅は狭まり、少し行くと川床が赤茶色になり美しいナメ床がしばらく続く。時間をロスしたためテント場予定の標高680mまでは無理と判断する。標高270mの右岸にテントを張り、魚を釣る。小雨の中で焚火をし、イワナの塩焼きで酒盛りと夕食。

標高 530 m の滝

●C1～C2 ………11時間54分
●C2～下山 ………4時間40分

翌日、C1から少し行くと標高300mに三段20mの滝があり、右岸を容易に高巻く。350m二股で左股を進むと、地形図に載っている標高530mの滝がある。二段25mで上段の滝はほとんど見えないが、すだれ状で印象に残る滝である。直登も可能だがシャワークライムとなるので左岸を高巻く。以後、細い流れと苔むした石の沢を高度をかせいで登っていく。

やがて左方向に標高849mのルシャ山を確認する。沢形のきついブッシュに手間取り、国境尾根を越えるのに時間を費やしたが、尾根を越えて南側の涸れ沢に入る。沢を登っていくとすぐに踏み跡があり、1502mPの東稜線に向かっている。この頃からガスの中に入り、周りが見えなくなる。ハイマツをかき分け、岩稜を登り、1502mPに着いて大休止。

すっかり青空が広がり、東岳や知円別岳、硫黄山、遠くには羅臼岳も眺められ、下は雲海である。東岳を通り、知円別岳を越えてザレた稜線から第一火口のテント場に下り、C2とする。ここのテント場はお花畑の中に雪渓から冷たい水が流れる良い所だ。

朝起きると、昨夜の満天の星がうそのように風雨が強い。C2から硫黄山への夏道に出て、車を止めてあるカムイワッカへ下山した。

●登り ……………6時間00分
●メンバー…武　田　　　榮

ケンネベツ川(沢遡行)

「ケネペッ」が訛り、「ハンの木がある川」の意味だろうか。
羅臼の岬町を過ぎるとケンネベツ橋があり、左岸に林道がついている。最初の堰堤の

伊藤正博
田島康雅
馬場勝寿
1998年10月4日

広場に駐車して林道を歩くとゴミ捨て場があり、ここから川に入る。

ケンミネ川出合を過ぎ、100m二股を通過すると、川岸に太いナラの倒木があり、シイタケが二百個ほど付いていたが採らずに先に進む。単調な沢がしばらく続く。地形図上の最初の滝があらわれ、15m程の直瀑の左岸を高巻く。高巻きの途中で同じような滝が見えてきて、左岸をこのまま続けて高巻く。

ブッシュも薄く、三十分で二つの滝の高巻きを終えることができた。青々とした釜を持った小滝を越えて行くと涸れ滝がある。簡単に越すと二股となり右股を進む。右股は白い岩の階段が源頭まで三十分ほど続いていて美しい。もっと早い時期だと水の流れがあると思われ、その頃に再び来てみたいものだ。源頭からハイマツになり、標高1250mから尾根をトラバースしてショウジ川の左股に入り下降した。

上部の右股は白い岩の階段が続く

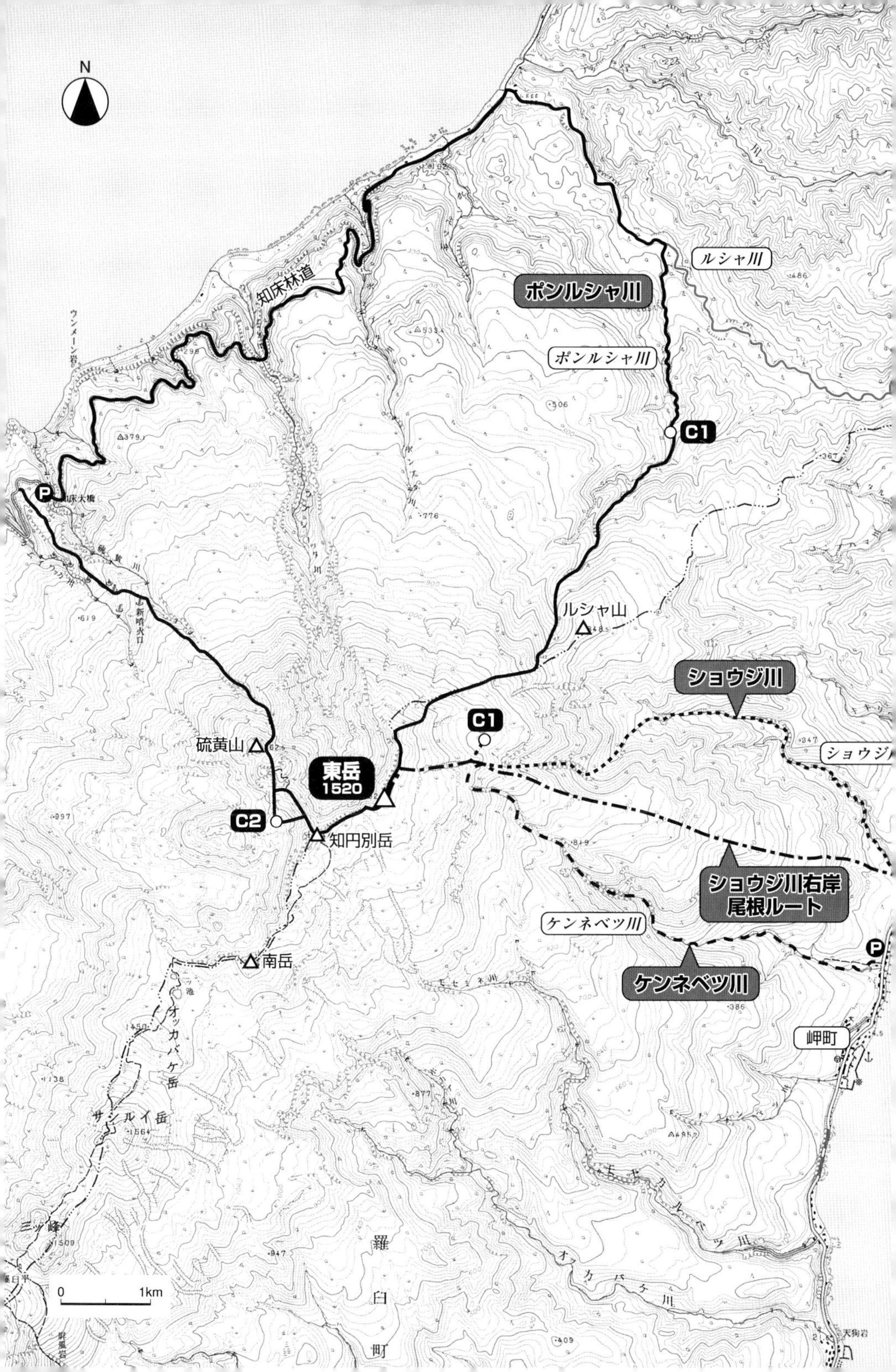
N
知床林道
ルシャ川
ポンルシャ川
ポンルシャ川
C1
ルシャ山
ショウジ川
C1
ショウジ
東岳
1520
硫黄山
C2
知円別岳
ショウジ川右岸
尾根ルート
ケンネベツ川
ケンネベツ川
南岳
岬町
オッカバケ岳
サシルイ岳
三ッ峰
羅
臼
町
0
1km
P
P

●下降…………6時間24分
●メンバー…武田榮
伊藤正博
田島康雅
馬場勝寿
1998年10月4日

ショウジ川（沢下降）

「ショウジ」の語源や由来、意味はわからない。

ケンネベツ川を遡行して、ショウジ川の左股に入る。下っているうちに黒い雲が迫ってきて、急にバラバラとものすごい音を立ててあられが落ちてきた。あられから湿った雪に変わり、あわてて雨具を着るが、濡れた体から体温を奪われる。フェルトのソールは雪のかぶった草付きは特に滑るので、崖マークが続く岩場を慎重に下る。

その後、10m以下の滝を三回懸垂して410m二股に着いた。秋の日暮れは早く、薄暗くなってきた頃に30mの大滝が現れた。50mザイル一本では届きそうもないので、補助ロープとのドッペルで懸垂する。途中の足場の岩がガラガラ崩れる。大滝を降りてヘッドランプを点ける。真っ暗な川の中は無気味で、ランプに照らされた足元しか見えない。川の中で何回か転ぶたびに、ランプが動物の黄緑に光る目を照らす。クマでないことを祈る。距離感もつかめず永遠に続くかのような錯覚にとらわれながら川原を黙々と下る。

砂防ダムを越えると、海が近いらしく磯の匂いがする。やがて、国道の橋とその向こうに大きな月の明かりを反射して光る海が見えた。十八時二十四分に川から上がり、長い一日が終わった。

何度か滝を懸垂下降する

●登り……………7時間30分
●メンバー…伊藤　正博
土谷　匡
阿部幸雄
青木玲子
2002年4月13日

ショウジ川右岸尾根ルート（積雪期）

ショウジ川の岩見橋にある大きな駐車場からスキーで尾根を登る。登り初めは少し急だが、標高300mまで上がると斜面が緩くなり一息つく。クマの足跡が雪面を横切っていて春を感じる。広い樹林帯の緩斜面がしばらく続き、やがてハイマツ帯になりトッカリムイ岳や知床岳が望まれる。

標高830m辺りで平原状になり、眼前に東岳の稜線が現れる。きつい急斜面を登り、ハイマツの出ている尾根を越え、ショウジ川源頭の沢形を登ると第二火口の縁に着いた。火口の向こうに知円別岳から硫黄山の展望が広がる。東岳へは火口の縁を左へ進み三十分で着く。東岳の頂上から二人が手を振る。しばし展望を楽しんでから下り、ショウジ川源頭のカール状の場所でテントを張る。

翌日は国境尾根を進み、ルシャ山からルサ乗り越えに縦走して、ルサ川へ下山した。

標高830m付近の平原から上部を見る

ルシャ山〔るしゃやま〕　八四八・五メートル

ルシャ山は硫黄山から4㎞ほど東にあり、円丘状で特徴のない山容のため目立たない山である。北側斜面はルシャ川支流のポンルシャ川に、南側斜面はショウジ川に続いている。ルシャの語源は「ルエサニ」で「道が・そこで・浜の方に出る・所」の意味で、アイヌは斜里側のルシャ川と羅臼側のルサ川を繋いで横断の道として使っていた。

頂上にある三等三角点の点名は「留斜《るしゃ》」

ポンルシャ川上部から見る

●C1まで ………8時間00分
●C1~知床橋 ……8時間45分
●メンバー…伊藤正博
土谷匡
阿部幸雄
青木玲子
2002年4月13日~14日

東岳~国境尾根ルート(積雪期)

ショウジ川の右岸からスキーで広い尾根を登り、東岳に登頂後、ショウジ川左俣源頭の標高１２００ｍのカール状地形でＣ１。

朝起きると３㎝の積雪があった。Ｃ１から１２２８ｍの尾根を越えて沢形に入る。途中から国境尾根に移るが、ところどころハイマツが出ていて苦労しながらルシャ山手前のコルに着く。コルから３０ｍほど登ると頂上で、Ｃ１から二時間であった。ルシャ山からは国境尾根を進み、知床半島の稜線で一番低い標高２７０ｍのルサ乗り越えに着く。ルサ川を下り、何度か川を徒渉して知床橋に下山した。

国境尾根をルサ乗り越えに向かう

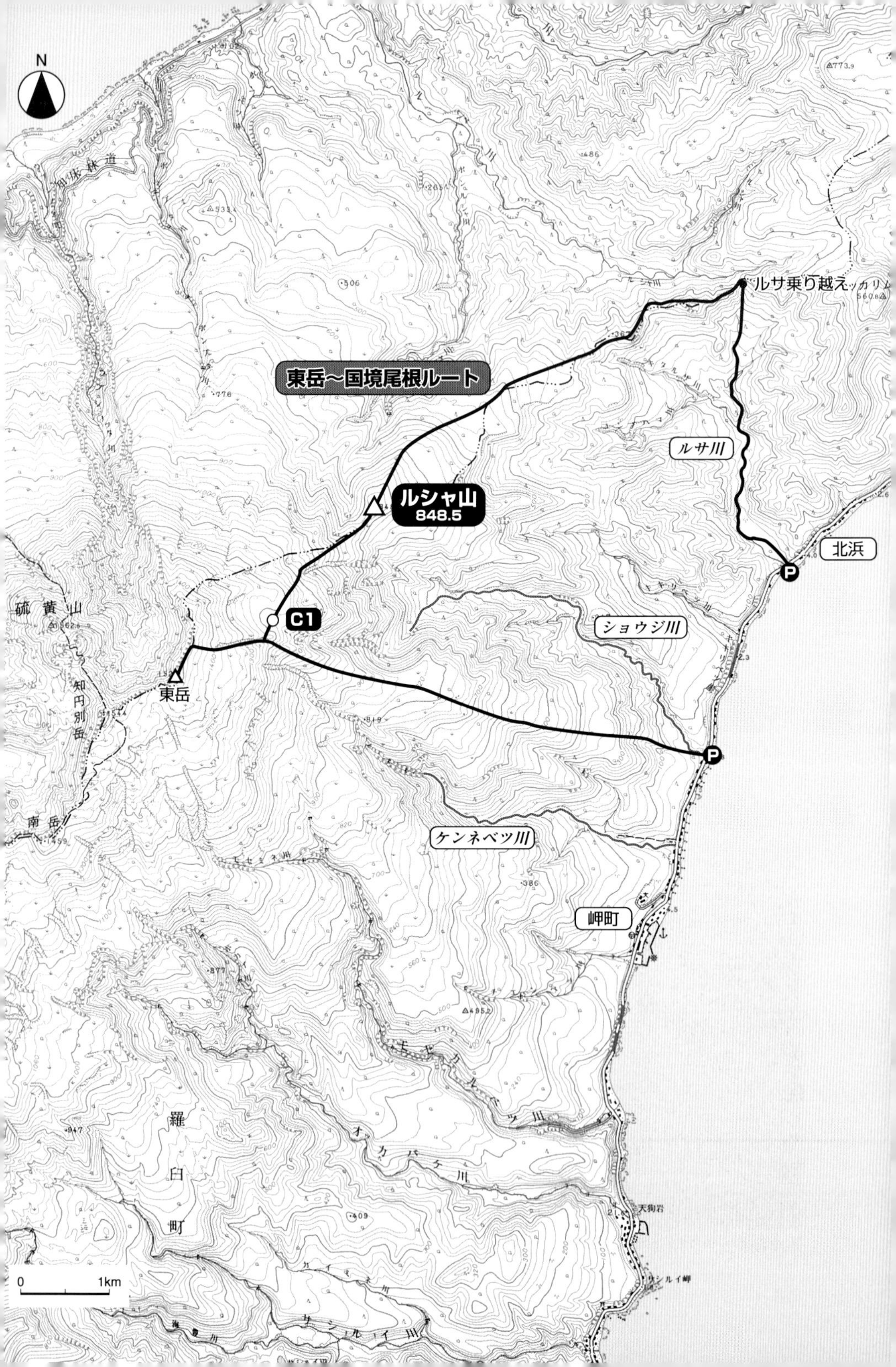

N
東岳〜国境尾根ルート
ルシャ山
848.5
C1
東岳
硫黄山
知円別岳
南岳
ルサ乗り越え
ルサ川
北浜
ショウジ川
ケンネベツ川
岬町
羅臼町
知床林道
天狗岩
0
1km

トッカリムイ岳〔とっかりむいだけ〕　五六〇・八メートル

知床半島の国境稜線が根室海峡に最も近づく所にある山で、北西斜面はルシャ川源頭に、南東斜面は昆布浜の海岸に続いている。1・5㎞西に標高270mのルサ乗り越えがあり、斜里側のルシャ川と羅臼側のルサ川をつないで、昔から半島の横断に使われていた。

語源は「トッカリモイ」で、「アザラシのいる湾」の意味であるが、今では「昆布浜」と改称された。

頂上にある二等三角点の点名は「突狩向《とっかりむい》」

国境稜線から北西面

●登り……………3時間10分
●下り……………1時間50分
●メンバー…伊　藤　正　博
2003年6月7日

オショロコッ川（沢遡行）

語源は「オソル・コッ」で、「尻・くぼみ」の意味。巨大な神様がクジラをヨモギの串にさして焼いているうちに、その串が折れて火に倒れたので、びっくりして尻もちをついた跡のくぼみの伝説がある。

羅臼町から相泊に向かい、ルサ川を過ぎると昆布浜にオショロコッ川の漁火橋がある。入渓してすぐに函の中に直登できない三段の滝がある。右岸に漁師さんが川からパイプで水を引くための固定ロープが付いているので利用して高巻く。

川幅は狭く石は苔で滑る。55m二股を過ぎてしばらく行くと、釜を持った二段の滝があり、左岸からの滝と合流して釜に落ちている。標高150mにも左岸からナメ滝が落ちている。

やがて周りが開けトッカリムイ岳を望むことができる。標高175mにトッカリムイ岳東面直登沢の出合いがあるが、入り口は細い流れなので見落とさないように注意がいる。直登沢に入りしばらく行くとゴルジュとなり、雪渓の上に3m程の細い滝がある。登れそうだが雪渓が口を開けていて、落ちると中に吸い込まれそうだ。無理せず右岸の鹿道を高巻き、沢に降りると雪渓が二股になり右股を行く。標高330mで雪渓が終わり笹原となる。正面の尾根状を登ると石と草のミックスで歩きやすい。ダケカンバ林を登り東尾根に上がる。

頂上はすぐそこに見えていて十五分位で登れると思ったが、急斜面に密生する背を越す笹で苦労する。560mの山でも簡単には頂上に立てないことを思い知らされる。休まず笹を掻き分け頂上に着いたが、背の高いハイマツで覆われているので休む場所も見当たらない。ハイマツの枝の上に乗ると、西方向に東岳と知円別岳、北方向に国境尾根が７８３ｍＰに続いているのが見えた。三角点を探すのも困難なので早々に頂上を後にする。急斜面の笹を尻滑りして草地で休むと、かたわらに５㎝程の可愛いユキワリソウが一株だけ咲いていた。花と話しながら昼食を食べる。

下流部は小滝が続く

N
知床岳
斜
里
町
臼
町
崩
浜
アイドマリ川
アイドマリ川〜相泊沼
相泊
コタキ川
相泊沼
瀬石
セセキの滝
オショロコッ川
テッパンベツ川
オショロコッ川
ルシャ川
トッカリムイ岳
560.8
昆布浜
ルサ乗り越え
ルシャ川
ルサ川
ルサ川
北浜
0
1km

●河口～ルサ乗り越え
登り ……………6時間30分
●メンバー…武田榮
伊藤正博
上島信彦
山本
1999年7月10日

ルシャ川(沢遡行)

ルシャの語源は「ルエサニ」で、「道が・そこで・浜の方に出る・所」の意味。

羅臼側のルサ川河口に車を一台置いて、斜里側の知床大橋に駐車する。ルシャ川河口まで車に乗せてもらうことができたが、林道は予想以上の悪路である。ルシャ川に近い林道脇に昨年も見た小熊が二頭いた。

小雨の中を入渓して広い河原を行く。休憩のたびに竿を出しオショロコマを釣る。160m二股で長い時間釣りを楽しみ、今晩のテントでの食糧用をキープした。ここの二股からナメ状の左股に入り進んで行くが、間違いに気づき二股に戻る。

本流は右股で、3mの滝を越えると広い河原になる。ルシャ川は難所のない川で、知床半島の横断にアイヌの人たちも利用していたとのことだ。先人と同じ景色を今見ているのだと思いながら歩いて行く。20

標高160m二股

０ｍ二股を右に入る。

ルサ乗り越えは地形図では川から４０ｍほど登ったコルだが、明瞭なコルには見えなくて通り過ぎてしまった。ＧＰＳで確認して引き返し、笹を漕いでコルに登る。ルサ乗り越えは平らなコルで、標高２７０ｍが今回の最高到達点となる。コルからはルサ川を下降した。

●ルサ乗り越え～河口下り …………1時間30分
●メンバー…武田　榮
伊藤正博
上島信彦
山本
1999年7月10日

ルサ川(沢下降)

アイヌはこの川も「ルエサニ」と呼んでいた。ルシャ川が羅臼側と斜里側に二つあるのはややこしいので、後世にこちらをルサ川にしたという。

斜里側のルシャ川を遡行して、ルサ乗り越えから笹原を漕ぐと、ルサ川は落とし穴のように急に始まった。しばらく水の無い沢を下るうちに、徐々に川となってくる。Ｓ字を曲がると、川の中に巨大なクマがいた。クマもびっくりしたようで、一瞬、飛び上がるように身を翻して斜面を駆け登っていった。野性の躍動する筋肉がすごい迫力である。しばらく笛の音や掛け声を出していなかったが、ちょっとした油断がクマとの遭遇を招いた。皆で大声を出しながら、右岸の尾根を迂回して川に戻った。

徐々に川らしくなってくる

計画では河原でテントを張り、ルシャ川で釣った魚で酒宴の予定だったが、クマが気になりこのまま下山することになった。大声を出しながら、滝のない連続するナメ床を下降し、長い河原を歩きダムに着くと声が枯れていた。やがて林道に出て、河口の知床橋に着いた。

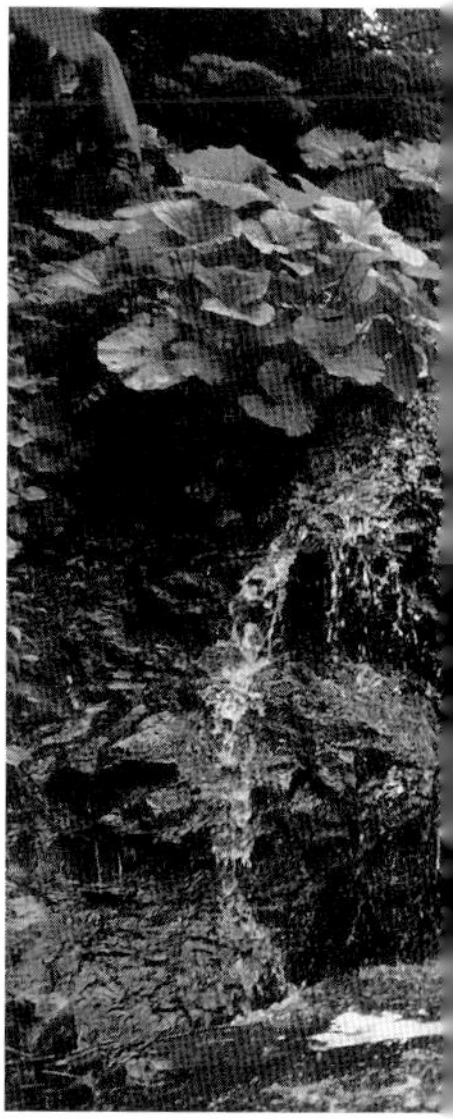

●登り……4時間13分
●下り……2時間35分
●メンバー…伊藤　正博
及川　祥光
小林　久美子
長屋　栄一
松和　満里子
松和　芳博
2004年6月27日

アイドマリ川〜相泊沼（沢遡行）

語源は「アイ・トマリ」で、「北風が強く吹く時・船を避難させる入り江」の意味と載せてある本があるが、アイにそのような意味はあるのだろうか。

地形図を見ると簡単に行けそうだが、私の場合沼へは三度目の遡行で到達した。事前に何の情報も持たず、地形図だけで一度で沼へ到達するのは難しいと思われる。なぜなら地形図に間違いがあるからである。

羅臼側の陸路の果てが相泊である。相泊の港に駐車し、食堂民宿「熊の穴」の横を流れるアイドマリ川に入渓する。砂防ダムと小滝を越えると標高６０ｍで二股となり、両股とも小滝となっている。地形図では標高９５ｍで二股となっているが、それは間違いである。標高６０ｍの二股を右に入らないと沼に行くことはできない。一度目は地形図の通り進み、沼へは行けなかった。

右股の小滝を越えて行くと直ぐに８ｍの滝があり、行き止まりの様に見える。この８ｍの滝を登ると、奥に１５ｍの「赤い滝」がある。岩肌が赤いところから赤い滝と呼ぶのだと「熊の穴」の主人が言っていた。赤い滝の直登は無理で、少し戻ってから右岸の笹斜面を高巻きする。川に戻ると単調な流れがしばらく続き、標高200mから両岸が狭まり、黄色い土の荒れた崖となってくる。今年の冬は雪が多かったせいか、崖の上から落ちてきた倒木が所々沢を塞いでいて歩きにくい。標高270mで函の中に15m二段の滝が現れ、少し戻ってから左岸の急斜面を高巻き、316mPで休息する。高巻きを終えて川に戻る。

この先は慎重に標高305mの二股を探し当てなければならない。進んで行くと、じきに左からチョロチョロと水の流れる小さな沢がある。地形図では太い右股に水線は記入されていないが、実際は右股の方が水量は多い。地形図では左股に水線が記入されているが、実際は雪解け直後の今時期でチョロチョロの水量である。夏になると水の流れは無くなると思われる。

昨年はこの左股を見落として川の流れのまま右股を進んでしまい、沼へ行くことができなかった。305m二股を左に入り進んで行く。沢は狭くなり、標高350m辺で三段の涸れ滝が現れる。直登する人と左岸を巻く人に別れ、滝を越えて行く。じきに小さ

赤い滝

エメラルド色の相泊沼

な二股があり、右を進んでみたが本当は左が正解だったと思われる。案の定、右を行くと沼には出られないで笹原となっている。

もう沼は近いはずと、適当に樹林の方へ左折してみると、すぐに沼はあった。沼に降りて水の中を半周して行く。快晴の青い空が水面に映りキラキラと輝いている。岸は膝ほどの深さだが、3m先は濃いエメラルド色をしている。どの位の深さがあるのだろう。水中を見ると体長6～7㎝のサンショウウオが泳いでいる。サンショウウオは水の清い所に棲むというから、ここの沼の水は飲めるのだろう。

十分ほど水の中を歩いて、沼の西にある小さな砂浜に上がる。ここには清い小川が沼に流入しているが、沼からは流れ出ている川は無く、沼から50m程離れた所にアイドマリ川の源頭がある。天気が良いせいもあるが美しい沼である。周囲を樹林に囲まれているが、沼の東端だけが樹林が切れて開けている。

砂浜でのんびりして相泊沼の景色を堪能する。休憩後、東端に向けて沼の岸をほぼ一周して帰ることにした。東端からは根室海峡とクナシリ島が見えた。

知床岳〔しれとこだけ〕　一二五四・二メートル

知床岬に直線距離で13㎞の位置にあり、知床の名がついた山ということではり、知床半島を代表する山といってよいだろう。知床岳頂上には「知床岬《しれとこざき》」の点名の一等三角点が埋まっている。

頂上からの岬方向の眺望はこの山ならではで、秘境の山の頂に立った充実感がある。以前は登る人も希であったが、最近はガイド付きのツアーが大勢入り、ハイマツが切られ、あちこちに固定ロープが付けられ、踏み跡道もはっきりしてきた。原始性が薄れ自然環境が心配である。

アイヌは今のカシュニの滝をチャラッセイと言い、知床岳は「滝が落ちている所の大きな山」の意味で、「チャラセホロヌプリ」と呼ばれていた。

稜線から見る頂上部

●河口～C1 ………4時間30分

●メンバー…武田榮一
長屋栄一
土谷匡
伊藤正博
下間洋司

1999年8月6日～7日

ポトピラベツ川（沢遡行）

語源は「プトピラペッ」で「川口に崖のある川」の意味。

ウトロ港から桂田さんの観光船に乗り、カパルワタラの番屋の港で下ろしてもらう。観光船との時間が合えば二日後のピックアップをお願いして別れ、番屋の人に小船でポトピラベツ川河口まで送ってもらう。

標高 240 m の強烈な二股

河口の右岸に白い崖があり、川は大きく蛇行し広い河原の両岸は切り立った崖になっている。さらに進むと両岸は狭まり、虎の皮模様の岩壁と崩壊した土壁になっている。標高２４０ｍのタキミ川との二股は両方から滝が勢いよく落ちている。

本流は右の滝だが直登は無理なので、７０ｍ程戻り砂岩の壁にアイスハンマーでホールドを削る。なんとか壁を登り樹林を高巻いて、二回の懸垂で本流の沢に降りる。標高３８０ｍの二股手前の左岸にイタドリを敷いてＣ１とした。

標高 760 m の滝と岩峰

●C1～頂上 ………8時間20分

翌日、C1を出てすぐの標高430mに四段の滝が現れ、ザイルを出して通過するが一時間以上かかった。

その後、小滝を容易に越えると、標高710mに地形図に出ている滝がある。直登は不可能で、右岸をザイルで通過する。このまま右岸を大きく巻き、急なガレ場を下ると、すぐに標高760mの大きな滝が見えている。右岸の小沢を高巻き、滝の上に出る。ここからすぐの二股を右に入り、知床岳の北の肩の稜線を目指す。

急な傾斜でどんどん標高を稼ぐ。岩壁があらわれ、ザイルを出して通過する。壁にエゾルリソウが一株咲いていた。沢はブッシュが多くなり、岩峰の横を登り稜線に出る。稜線の強力なハイマツを漕いで知床岳の頂上に着いた。

●頂上～C2 ………3時間40分
●C2～番屋 ………10時間00分
●メンバー…武田 榮
　　　　　　長屋栄一
　　　　　　土谷 匡
　　　　　　伊藤正博
　　　　　　下間洋司
1999年8月7日～8日

知床川(沢下降)

アイヌはこの川を「ショウランペッ」と呼び、「滝が下がる川」の意味。

ポトピラベツ川から知床岳登頂後、南西のガレ場から湿地帯に向かう沢筋を下る。この沢形は頂上から見たほど容易ではなく、ブッシュが邪魔をする。標高1070mの平らな湿地帯に出て、鹿道をたどりブッシュを漕いで知床川の沢形に入る。

暑さで水を消費してしまい喉がカラカラになる。ガレた沢を下るうち遠くから水音がチョロチョロと聞こえ、自然に足も早まる。右岸の崖から冷たい湧き水が出ていて、腹一杯水を飲む。ここから少し下り、標高830mでC2とした。

翌日、C2を出発するとすぐに崖の上に出る。

標高 590 m 三段の大滝下部

地形図に出ている標高８００ｍの崖で、知床川が滝となって落ちている。右岸を巻いて懸垂で降りる。標高５９０ｍに三段の大滝が現れる。一段目を懸垂で降りたが、二段目を降りるには支点がなく、左岸を巻くことになる。崖下の草付きをザイルを延ばしトラバースする。

立ち木に支点をとり、もろい岩壁の７０ｍを四回の懸垂で降りる。この大滝を通過するのに四時間を費やした。標高３５０ｍの階段状の滝を懸垂した先は小滝やナメが続く。標高２３０ｍの７ｍの滝を降りると美しいナメ床が続き、最後に釜を持った３０ｍの大滝となって落ちている。

昨日送ってもらった観光船との時間が迫ってきたので、大滝を巻いて降りるのを断念する。ナメを登り返し、右岸の尾根を越えてポトピラベツ川に降りることにしたが、途中で観光船の音が遠ざかるのが聞こえた。もう今日の下山はなくなった。海岸からザックを浮き袋にして、岬状に突き出た岩場を必死に泳いでカパルワタラの番屋に着いた。番屋ではバケツ一杯のウニ、お風呂、ビール、そして晩ごはんと随分お世話になった。

翌日は鱒船に乗せてもらいウトロ港に帰った。

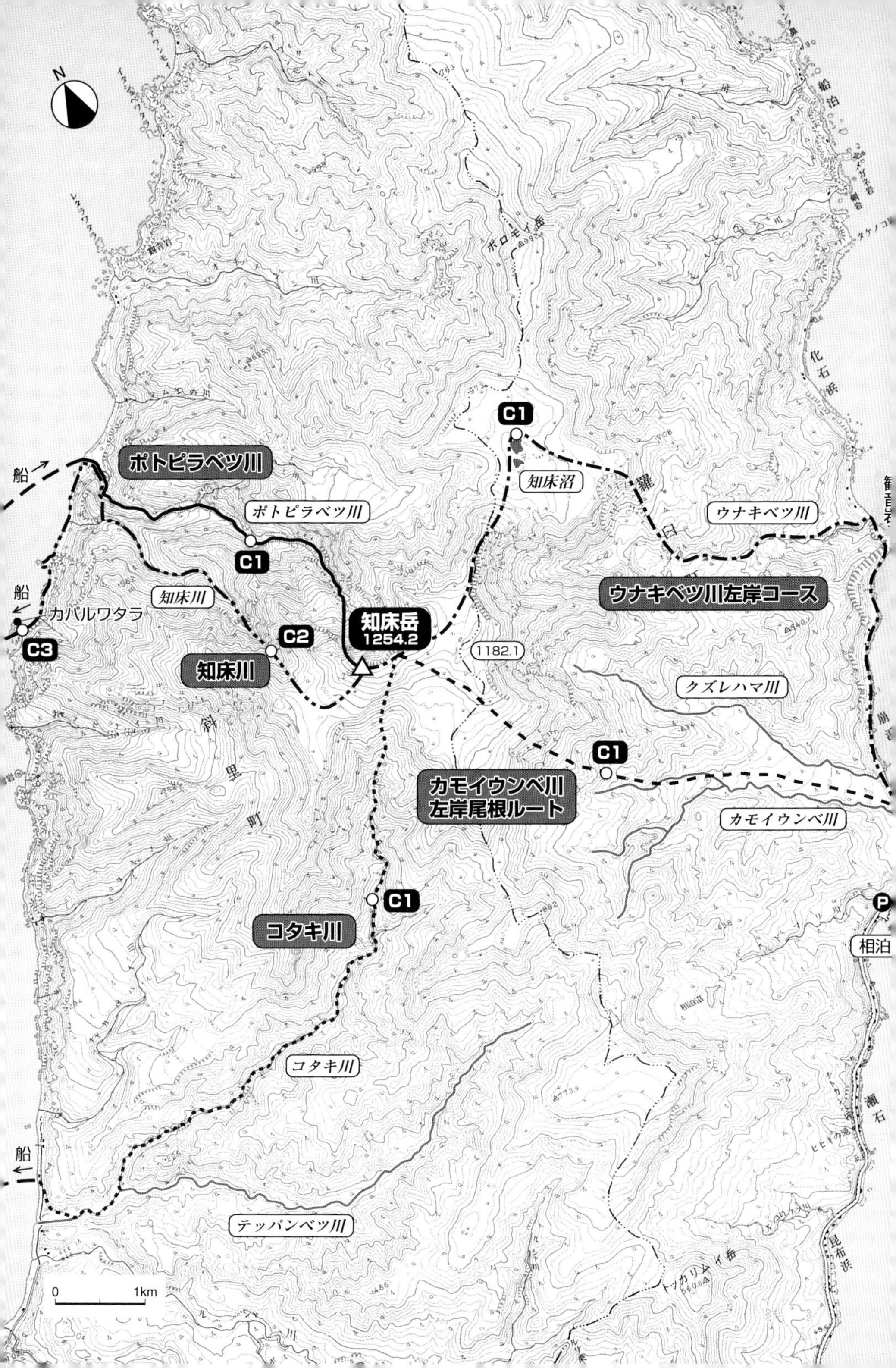

N
船
船
船
C1
知床沼
ポトピラベツ川
ポトピラベツ川
C1
ウナキベツ川
ウナキベツ川左岸コース
知床川
カパルワタラ
C3
C2
知床岳
1254.2
1182.1
知床川
クズレハマ川
C1
カモイウンベ川
左岸尾根ルート
カモイウンベ川
C1
P
コタキ川
相泊
コタキ川
テッパンベツ川
0
1km
ポロモイ岳
化石浜
船泊
斜里町
羅臼
瀬石
昆布浜
トッカリムイ岳

●相泊〜知床沼C1 ………6時間15分

●メンバー…伊藤正博

長屋栄一

児玉保則

青木玲子

松和芳博

松和満里子

米山隆

舘沢省吾

2002年9月6日〜7日

ウナキベツ川左岸コース(夏道・経験者向)

ウナキの語源は江戸時代にヌエナキと呼ばれ、「ヌイナク・ペッ」で「隠れている・川」の意味であるらしい。実際に遡ってみると、ポロモイ台地の大規模な地滑りで川が土砂で埋まり、大部分が伏流となって地下に潜っていて、隠れている川を実感する。

ウナキベツ川源頭の国境稜線にある１１８２m峰頂上に「鵜鳴別《うなきべつ》」の点名が付いた三等三角点がある。

相泊から海岸を歩き観音岩を固定ロープで越えるとウナキベツ川に出る。橋を渡り対岸の尾根を左折し、すぐに３０m程の急斜面を登る。林の中の踏み跡とテープをたどるとトド松の植林広場に出て、小さな沼が右側にある。すぐに小川を渡り、林の中の道を通り、ウナキベツ川を左下に見ながら進んで行く。

やがて、板状の石が積み重なる「スレート広場」に下りて冷たい伏流水を汲む。以前のコースはスレート広場の真ん中を通っていたが、今は広場に入らずにすぐ上の林の中の道を通って行く。すぐに、標高４００mに目の覚めるような美しい「青沼」があり、沼の南端から小川が流れ出ている。

沼を過ぎて尾根を登っていくが、踏み跡は以前のルートの古いものと最近のものとがあり、判断に迷う所もあるが、やがて「大崩れ」の基部に出

●知床沼C１〜頂上……………３時間45分
●頂上〜相泊…………８時間35分

る。大崩れの右端の急斜面を慎重に登り、ダケカンバの林で一息入れる。ここから沢に下り、ザレた斜面を登ると、道は右に続いていてポロモイ台地のハイマツ帯に入って行く。刈分けのハイマツは最近ツアー登山のガイドによってかなり切られており、難なく池塘に出る。

ここからは岩の中を太いハイマツが横たわる道を行き、知床沼でテントを張る。

翌日、テント場から知床沼の右縁を行く。踏み跡や鹿道が何本もあり迷いやすいが、１１３２ｍＰへ向かう道に入る。ダケカンバ林とブッシュ

ポロモイ台地の地滑りでできた「大崩れ」

の中に道は続き、迷うことなく１１３２ｍＰに着く。ここからはヤセ尾根になっているが、途中から尾根は広くなり、踏み跡は真ん中を行ったり崖の縁を行ったりしている。踏み跡を見失ったときは崖の縁を行く方が間違いない。

ハイマツを掴んで急斜面を１０ｍ程降りると尾根は終わり、標高１１１５ｍのコルである。このコルからすぐに右に入ると知床岳に続く刈分けがあり、三十分程で池塘に出る。池塘から緩い斜面を登ると稜線に出て、ここから初めて知床岳の頂上を望むことができる。北側はポトピラベツ川の源頭に切れ落ちた崖で、崖の縁を慎重に進むと頂上である。

1132 mP への途中から知床沼とポロモイ岳を見る

●ルシャ番屋～C1 …………4時間46分
●メンバー…武田　榮
伊藤正博
野中雄平
1998年7月18日～20日
●C1～頂上 ………6時間15分
●頂上～知床沼 ……2時間13分

コタキ川（沢遡行）

ウトロ港から桂田さんの観光船に乗る。船から知床林道を自転車で走る人が見える。船がテッパンベツ川の河口に近づくと、海岸に親子のクマ三頭と草原にもう一頭の茶色のクマが見える。ルシャの番屋の人に小船を出してもらい上陸する。

林道を川に向かうと先程の茶色のクマがいて、クマスプレー片手にしばし睨み合う。クマが下を向いた隙に足早に離れ、テッパンベツ川に入る。先ほどの自転車の人がわらじをつけていて、帯広から来て単独で知床岳に登るのだと言う。テント場で会うことを約束して別れ、広い川原をオショロコマを釣りながら進む。

標高８０ｍから函が現れるがどれも容易に通過する。標高３４０ｍの函は右岸を高巻く。少し早いが標高４３０ｍでテントを張り、焚火で魚を焼く。約束した人の分の魚をとって置き、しばらく待ったがその人は来なかった。

翌日、Ｃ１出発。ゴーロとなり単調な沢が続く。ナメが出てきて順調に高度をかせぐ。７００ｍ三股は真

下流部の函をへつる

ん中の２０ｍの滝の左岸を巻く。ナメを行くと水が涸れて大きなフキが生えている。目の前に岩壁が立ちはだかっているが、ホールドがしっかりしていて、ザイルを出すまでもなく容易に越える。すぐに強力な笹のブッシュ漕ぎとなる。知床岳東のコルを目指して進むが、沢形が不明瞭で予定のルートよりも左に寄りすぎたため、急斜面の笹に足をすくわれ腕力が頼りの登りとなる。笹からハイマツに変わり、蒸し暑くてヘトヘトになりながら三時間の格闘で稜線上の踏み跡に出て、肩から崩れ落ちて座りこむ。

頂上が近いのは知っているが動けない。休息後十五分で頂上に着いた。頂上で帯広の人が登って来るのではと思い、沢の方を見ていたが遂にその人は来なかった。大休止後、Ｃ２予定の知床沼に向かう。池塘を通りヤセ尾根をたどり、知床沼東端のテント場に着いた。着くやいなや、装備もテントも出さずにザックを枕に皆で一時間半も寝入ってしまった。夕方の寒さで目を覚ましたが、よくクマに襲われなかったものだ。いつもの場所にテントを設営する。

中流部の滝

●知床沼～相泊……4時間39分

翌日はポロモイ台地からウナキベツ川左岸の夏道を下り、相泊に帰る。

●相泊～頂上　………6時間30分
●頂上～相泊　………4時間30分
●メンバー…伊藤正博
上村榮一
武田榮
土谷匡
上島信彦
鈴木真紀子
堀池
小野

1999年3月13日～14日

カモイウンベ川左岸尾根ルート（積雪期）

語源は「カムイウンペ」で「クマ・そこに入る・所」の意味。

相泊から海岸をスキーで出発すると三十分でカモイウンベ川に着く。左岸の30mの急斜面を登り、勾配のない樹林の中を行く。カモイウンベ川165m二股は右を進み、スノーブリッジで川を渡り、緩い尾根を登って行く。標高650mの壁の下でスキーをデポし、アイゼンに履き替え急斜面を登る。

標高1060mの丘を越えると、初めて知床岳を望むことができる。コタキ川源頭の広い台地をルート旗を立てながら進む。1060mの丘から一時間で頂上に立つことができた。今回は下りの途中で一泊したが、天気や雪の状態、メンバーの力量など条件が良ければ、日帰りは可能である。

急斜面を登る

頂上から知床岬方向を見る。海に流氷が浮かぶ

●相泊～標高320m……3時間00分
●メンバー…伊 藤 正 博
2003年8月3日

カモイウンベ川左股(沢遡行)

相泊から海岸を歩き、番屋の横から入渓する。最初からナメ床、淵、小滝、釜が続いて美しい。

川原に血の付いた鹿の足一本が落ちていて緊張する。ぶきみな気配にホイッスルを吹きながら足早に進む。左岸から岩清水が落ちている所を過ぎ、単調になった沢を進むと165m二股となる。左股を行くと変化のない沢が続いて240m二股となる。

右股は最近、夏に知床岳からの下降ルートとして使う人もいる。左股に入ると、標高280mで崖の下に5mの滝があり、右岸の鹿道を高巻く。標高300mに三段の20mナメ滝があり、左岸の鹿道を高巻く。

天気は下り坂で真っ黒な雨雲が近いので、ここで中止して引き返した。相泊に下山してすぐに雨が本降りになった。

標高 300 m のナメ滝

●相泊〜標高580m源頭
…………………4時間15分
●メンバー…伊　藤　正　博
2003年8月31日

クズレハマ川（沢遡行）

「崩浜」で和名である。カモイウンベ川から500m北にある。入渓してすぐに三段の滝があり、上段の滝は函の中にある為通過できない。海岸まで戻り、番屋の裏の右岸から笹藪の急斜面に取り付く。台地に上がり鹿道を辿ると川への降り口に固定ロープがあり、滝の上に降りる。

単調な沢がしばらく続き430m二股となる。前方に1159mPと白い崖が見える。二股から左に入るとすぐに450m二股になり、小さな穴から勢いよく水の流れが出ている。左股に入ると、小さな石を敷きつめた涸れた細い沢が続いて歩きやすい。

やがて細い水の流れが出てきて、両岸から笹がかぶって歩きにくくなる。黒い岩の小滝を越すと水が涸れ、標高580m源頭である。沢形も不明瞭になり遡行を中止する。知床岳の登下降路として使えるかどうかはわからない。

入渓してすぐの三段の滝

知床岳
1254.2
C1
知床沼
ポロモイ岳
ペキン川
ペキン ノ鼻
モイレウシ川
船泊
モイレウシ川左股
メガネ岩
C2
タケノコ岩
化石浜
1182.1
C1
862
羅
臼
町
クズレハマ川
クズレハマ川
観音岩
カモイウンベ川左股
相泊沼
カモイウンベ川
崩浜
P
相泊
瀬
石
滝
ノ
下

N
知床岳～
ルサ乗り越えルート
ルサ乗り越え
トッカリムイ岳
ルサ川
773.9
0
1km

●知床沼〜モイレウシ湾……5時間37分
●メンバー…伊藤正博
栗原明
2004年8月10日

モイレウシ川左股（沢下降）

「モイレウシ」は「静かなる所」の意味で、河口が美しい湾になっている。
ウナキベツ夏道コースを登り、知床沼にテントを張る。暑い日で、いつものように沼の水でビールを冷やそうと思ったら、ぬるいお湯になっている。日照りが続いた為に沼の水位も下がり、あちこちに砂浜が出ていた。

翌朝、知床岳を登頂し、テントを撤収して知床岬方向への刈分け道に入る。刈分けは明瞭で、木の枝の切り口が最近のものもある。三十分も進むと、稜線にある884ｍのコルが見えたのでモイレウシの沢形に向かって降りて行く。目指すモイレウシ湾が遠くに見える。

途中からハイマツに捕われ、苦労しながら左にトラ

標高400ｍの滝

バースして樹林帯に逃げる。少しずつ歩きやすくなり、標高750mの崖マークの左岸からモイレウシ川左股に降りることができた。知床沼から一時間十五分である。この左股は標高400m辺りに5mの滝があるだけで、変化のない沢を容易に下り、河口の美しいモイレウシ湾に着いた。お盆休みで帰り、無人となった番屋の横にテントを張る。途中で採ってきたタモギ茸を味噌汁にして美味しく食べた。

暗く狭い沢から開けたお花畑や山の頂上に出る楽しさは沢遡行の醍醐味だが、薄暗い沢を緊張しながら下降して、エメラルド色に輝く美しい入り江に出た時の開放感も知床半島ならではの沢下降の醍醐味である。

●相泊〜知床岳〜C1……9時間30分

●メンバー…伊藤　正博
土谷　匡
青木玲子
阿部幸雄
及川祥光
児玉保則
長屋栄一

知床岳〜ルサ乗り越えルート(冬期縦走)

相泊から海岸をスキーで行き、カモイウンベ川左岸台地の林を進む。カモイウンベ川二股を越え、緩斜面を登って行く。やがて急斜面になりジグを切りながら登り、途中でアイゼンを履く。天気は良いのだが風が強く、背負ったスキーが風にあおられて苦しい直登が続く。1060mの丘の上で、知床岳の頂上に行く班と先にテント場に行く班とに分かれ、頂上班はザックをデポする。ここから頂上までは一時間である。テント班は南方向にヤセ尾根を下り、730mコルに着いて林の中にテントを張る。ここは風の当たらない良い場所である。ここからコタキの沢の向こうに、流氷の浮かぶオホーツク海が見える。やがて頂上班がテント場に着いた。早い時間の酒宴が始まり、満天の星空が綺麗だった。

ヤセ尾根を下り 730 m コルに向かう

730 m コルのテント場

●C1～ルサ乗り越え～知床橋……6時間52分

朝6時10分、C1を出発する。アイゼンを履き、862mPのコルを目指し登る。登りきると次に730mPがあり、頂上直下の細い急斜面をピッケルで通過する。次の760mPと735mPの二重稜線の間の廊下を通ると船形の凹地があり、底部は湿地の様である。凹地から８０ｍ登り、標高７８６ｍの台地に上がる。ここから南に直進し、ショートカットして進む。

７８３ｍＰからの尾根はハイマツとシュカブラで、スキーでの滑降は無理である。やっと、トッカリムイ岳とルサ乗り越えが近くに見えてきた。計画ではトッカリムイ岳を登り、国境稜線を行く予定であったが、このまま尾根を下り、ルシャ川を越えてルサ乗り越えに上がることに変更する。ダケカンバの林の中を快適に滑り、ルシャ川右股源頭に入り、少しの登りでルサ乗り越えに着いた。

計画を変更したおかげで、時間がかなり短縮となった。先程から雪がちらついていたが、やがて吹雪模様になってきた。空腹と喉の渇きを我慢して休まずに下り、ルサ川河口の知床橋に下山した時には、みぞれ混じりの吹雪となっていた。通行止めにならないうちに、急いで相泊のデポ車を回収して、羅臼のコンビニと温泉に向かった。

ポロモイ岳〔ぽろもいだけ〕　九九二・四メートル

知床岬から直線距離で9㎞の位置にあるが、ほとんど知られていない。岬まで尾根を縦走する際に踏まれる山で、この山だけを目指す人は希である。稜線は強力なハイマツで覆われていて、頂上だけがわずかに岩が露出している。

　ポロモイは「大きな入り江」の意味であるが、現在のポロモイはもっと知床岬に近いオホーツク海側にあり、ポロモイ岳とは離れている。根室海峡側の現在の化石浜がポロモイと地図に記載されていた時期もあったことから、ポロモイ台地やポロモイ岳の名が付けられたのだろう。

　モイレウシ川源頭にある山なので、三等三角点の点名は「萌《もい》礼《れ》牛《うし》」

知床沼に向かう途中のポロモイ台地から

●知床沼〜頂上……5時間00分
●メンバー…田島康雅
伊藤健司
土谷匡
伊藤正博
武田榮
馬場勝寿
荒木格
有賀文隆
1997年8月14日

知床沼ルート(夏尾根)

前日に相泊からウナキベツ川左岸の夏道を通り、知床沼に一泊する。知床沼から濃いガスの中を出発する。最初は刈分けがあるが、三十分も進むと背丈が4mもあり空も見えないハイマツジャングルに突入した。地上2mのハイマツの枝の上を歩くのは大変な作業で、何度も枝から足を踏み外して下に落ち、脱出するのに苦労する。濃霧の中でハイマツを掻き分けるたびに、葉にびっしりと付いた水滴が頭の上からシャワーとなって降り注ぐ。真っ暗なハイマツの中を地獄のような行進が続く。

いつの間にかモイレウシの沢方向に進んだようで、GPSで修正しながら標高900mの稜線に出ると、古い刈分けが見つかった。時計を見ると、沼からここまで直線距離で700mを進むのに二時間かかっている。ハイマツの枝から枝への綱渡りで一時間以上も空中を歩いていたことになる。884、925、970mの各Pのアップダウンを強烈なハイマツを漕いで、岩の露出している頂上に着いた。この後途中で一泊し、知床岬に向かう。

ハイマツの海が延々と続く

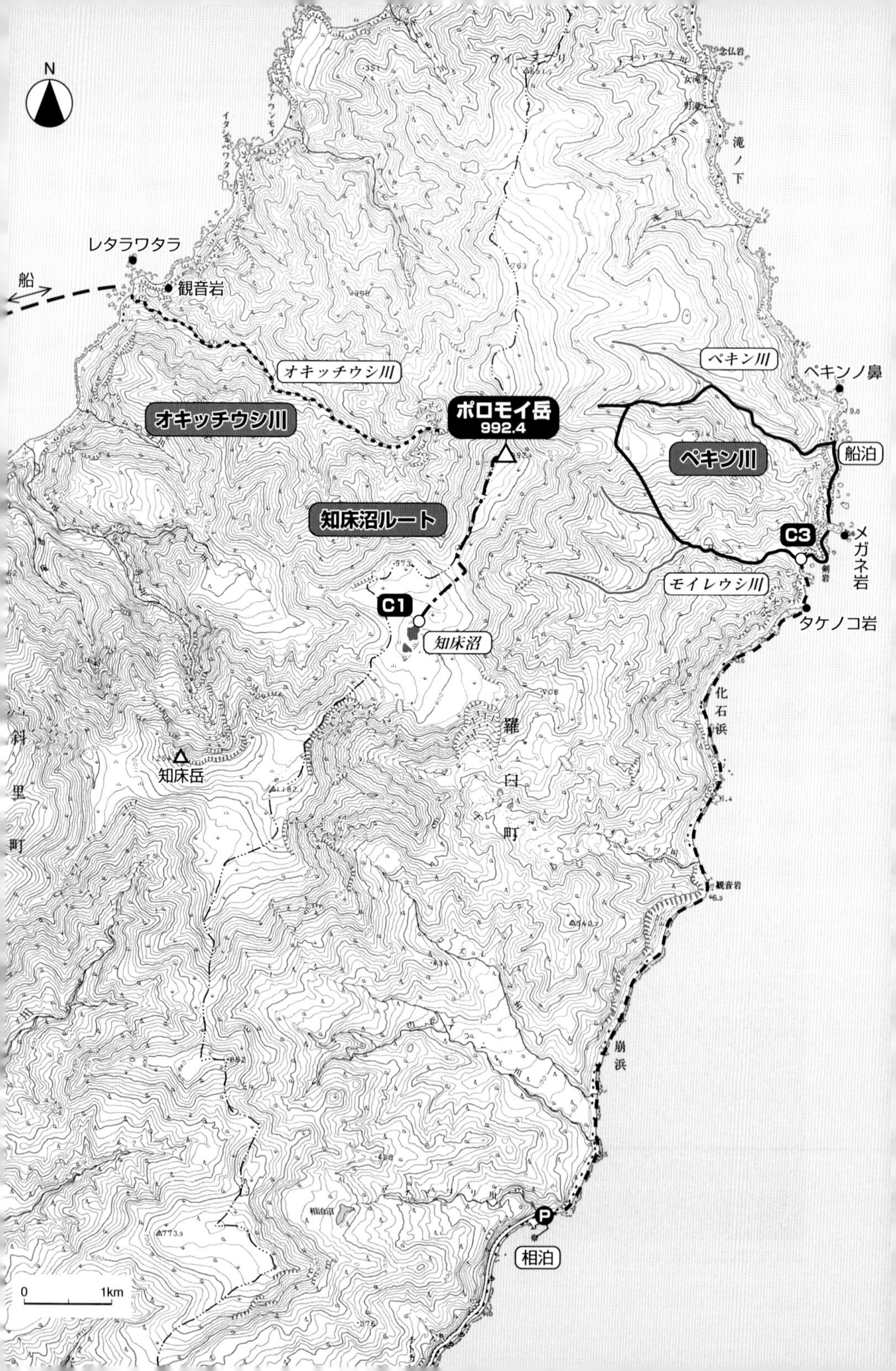
N
レタラワタラ
船
観音岩
オキッチウシ川
オキッチウシ川
ポロモイ岳
992.4
知床沼ルート
C1
知床沼
ペキン川
ペキンノ鼻
船泊
ペキン川
C3
メガネ岩
モイレウシ川
タケノコ岩
化石浜
羅臼町
斜里町
知床岳
崩浜
P
相泊
滝ノ下
0
1km

●河口〜500m三股……4時間00分
●メンバー…土谷匡
阿部幸雄
及川祥光
田島康雅
青木玲子
伊藤正博
荒木格
2003年7月12日〜13日

オキッチウシ川（沢遡行）

「オキッチウシ」とは「そこでいつもキチキチ鳴る所」の意味。今は崩れて無いが松茸のような岩があって、風が吹くとキチキチ鳴っていたという。

ウトロ港から船に乗り、一時間程でオキッチウシ川の河口に上陸する。川幅は3m位で入渓すると両岸は狭まりナメ床になる。両岸に人の頭の様な奇岩と崖を見ながら進む。すぐに4mの滝が現れ直登で容易に越えられるが、滝の手前の右岸に鹿の巻き道もある。滝を越えると深い淵やナメ床が続き快適である。

やがて沢は単調になり、標高270mで左岸から同じ位の水量の沢と出合う。その後も変化のない沢が続いて410m二股となる。右股は

人の頭のような奇岩

国境稜線の８８４ｍコルに続く沢で、途中に１０ｍ位の滝があるという。左股に入ると、ほどなく水は涸れる。

５００ｍ三股を右の沢に入ると、正面が岩壁となっている四段の涸れ滝がある。ザイルを出し、一段目の２５ｍの岩壁を登りテラスに上がる。テラスから上は斜度の緩い２０ｍ三段で、ザイルなしで直登できるが岩の脆い所もあり落石に注意がいる。

この沢は、以前から大学のワンゲルが知床岬に行くルートとして、ポロモイ岳手前の８８４ｍコルから海岸への下降路として使っている為、人が入った形跡が随所に見られる。両岸の林の中の鹿道を上手く繋ぐと、ほとんど川の中を歩かなくても海岸に出ることができる。

●テント場～標高６００ｍ中止地点
登り　……………4時間35分
●中止地点～テント場
下り　……………2時間45分
●モイレウシ湾～
相泊　……………4時間25分
●メンバー…伊　藤　正　博
栗　原　　　明
２００４年８月11日～12日

ペキン川（沢遡行）

ペキン川のすぐ先に「ペキンノ鼻」の岬があり、ペキンノの語源は「ペケル・ノッ」で「明るい・岬」の意味である。

ウナキベツ左岸の夏道ルートで知床岳に登り、知床沼からモイレウシ川左股を下降してモイレウシ湾にテントを張った。翌日はペキン川を遡行してポロモイ岳に登り、モイレウシ川右股を下降してテントに戻る計画である。

モイレウシ湾からペキン川に行くのには海中を歩かなければならない。知床半島の山登りは海の干潮の時間を調べる必要があるのだ。ちょうど、計算通り干潮の時間なので簡単に剣岩の海中を歩いて通過することができ、三十分でペキン川の河口に着いた。

入渓してすぐの三段の滝

入渓してすぐに両岸が狭まり、見応えのある三段の滝が現れる。下段は４ｍ、中段は１０ｍ、上段は６ｍ位だろうか。左岸のガレと草付きを高巻く。所々、ナメ床もあるが単調な沢がしばらく続いて２３０ｍ二股となる。右股はチョロチョロの水量で、左股を進む。じきに左から水量のある流れがあるが、コンパスで西方向の右を進む。標高３２０ｍで水が涸れたが、地形図では標高４１０ｍまで水線が入っているので、二人で首をひねる。

今年は暑い日が続いているので水線が下がったのだろう。昨夜からの小雨が本降りになってくる。標高３８０ｍで馬蹄形の岩崖となり行き止まりとなる。涸れ滝と考えて、少し戻ってから左の枝尾根を登る。だんだん雨がひどくなってきて、中止の文字が頭にちらつく。この枝尾根を登ればポロモイ岳に続く広い尾根に出るはずだ。途中から、密生した背丈を越す笹を掻き分けるようになる。掻き分ける度にシャワーク

二晩テントを張った美しいモイレウシ湾

ライムとなり、全身ずぶ濡れになる。標高600mの広い笹原の中のダケカンバの木で休憩するが、ガスと雨で何も見えない。九時に中止とする。コンパスを一六〇度に定め、モイレウシ川右股の沢を目指し、懸命に笹やハイマツを漕ぐ。

やがて下りとなって歩き易くなり、モイレウシ川に降りることができた。じきに150m二股となり、昨日通った沢の途中でタモギ茸をたくさん採り、テントに戻った。テント場から見るポロモイ岳はまだ厚い雲に覆われているが、海岸は晴れて暑くなってきた。濡れた物を乾かしながら、我々二人しかいないモイレウシ湾でマットに寝そべり、ポロモイ岳に掛かる不思議な雲や、カモメに追いかけられる気弱なオジロワシ、高い急斜面の崖で草をはむ鹿、海上に浮かぶクナシリの山々を眺めながら夕方までゆったりと過ごした。日が暮れるとシマフクロウの鳴き声が「ボーッ、ボーッ」とモイレウシの森に心地よく響いていた。

翌日、変化のある海岸を楽しみながら歩いて相泊に帰った。

ウイーヌプリ〔ういーぬぷり〕　六五一・九メートル

知床岬から直線距離で5㎞南の位置にあり、縦走の際に通る山である。2万5千分の1地形図に名前が載っている山としては、北方領土を除いて日本の最東端の山である。山容はなだらかで、一九八六年に山火事で焼けたハイマツの白骨で覆われているのが印象に残る。

語源は「ウフィ・ヌプリ」で「燃えている・山」の意味である。江戸時代の探検家・松浦武四郎の知床日誌にはシレトコ岳と記されていた。

頂上にある三等三角点の点名は「赤岩《あかゆわ》」

640 mP から白骨でおおわれた山頂を見る

●ポロモイ岳～
ウイーヌプリ……12時間00分
●メンバー…田島康雅
伊藤健司
土谷匡
伊藤正博
武田榮
馬場勝寿
荒木格
有賀文隆
1997年8月15日

知床沼ルート(夏尾根)

知床沼からポロモイ岳までは「ポロモイ岳」の項を参照。ポロモイ岳から次の947mPまでは相変わらずのハイマツ漕ぎ。947mPから814m地点までもかなり消耗する。C2予定のウイーヌプリ手前のコルには着けそうもなく、太いダケカンバの下にC2とする。今日は十時間の行動で3・5kmしか進めなかった。

翌朝、出発してハイマツを漕いでいると霧が晴れてきて、突然前方に763mPと770mPがラクダの背中のように見える。三日目にして初めての展望に歓声が上がる。

763mPと770mPも強烈なハイマツ地獄で苦しむ。770mPに上がると、次に目指す640mPとウイーヌプリが眺められる。640mP

前方に763 mP と770 mP が見えた

の登りも強烈なハイマツ地獄で、コルから標高差60mを二時間以上もかかった。640mPの頂上はハイマツが切られていて、広場になっている。どうやらこの広場はヘリポートらしく、ここからウイーヌプリに向かってチェンソーで道を切り開いてある。ウイーヌプリの山火事の消化活動の為の道らしい。

道をコルに下り、コルから標高差50mを十五分でウイーヌプリの頂上に着いた。640mPの登りでは標高差60mを二時間以上もかかったのだから、道があるのとないのとではこんなにも違うのだ。ここからは岬へ続く山々が一望でき、樹林帯のルートを目で追うことができ、ハイマツ地獄帯から脱出した喜びを感じる。

尚、ここから知床岬までは五時間である。

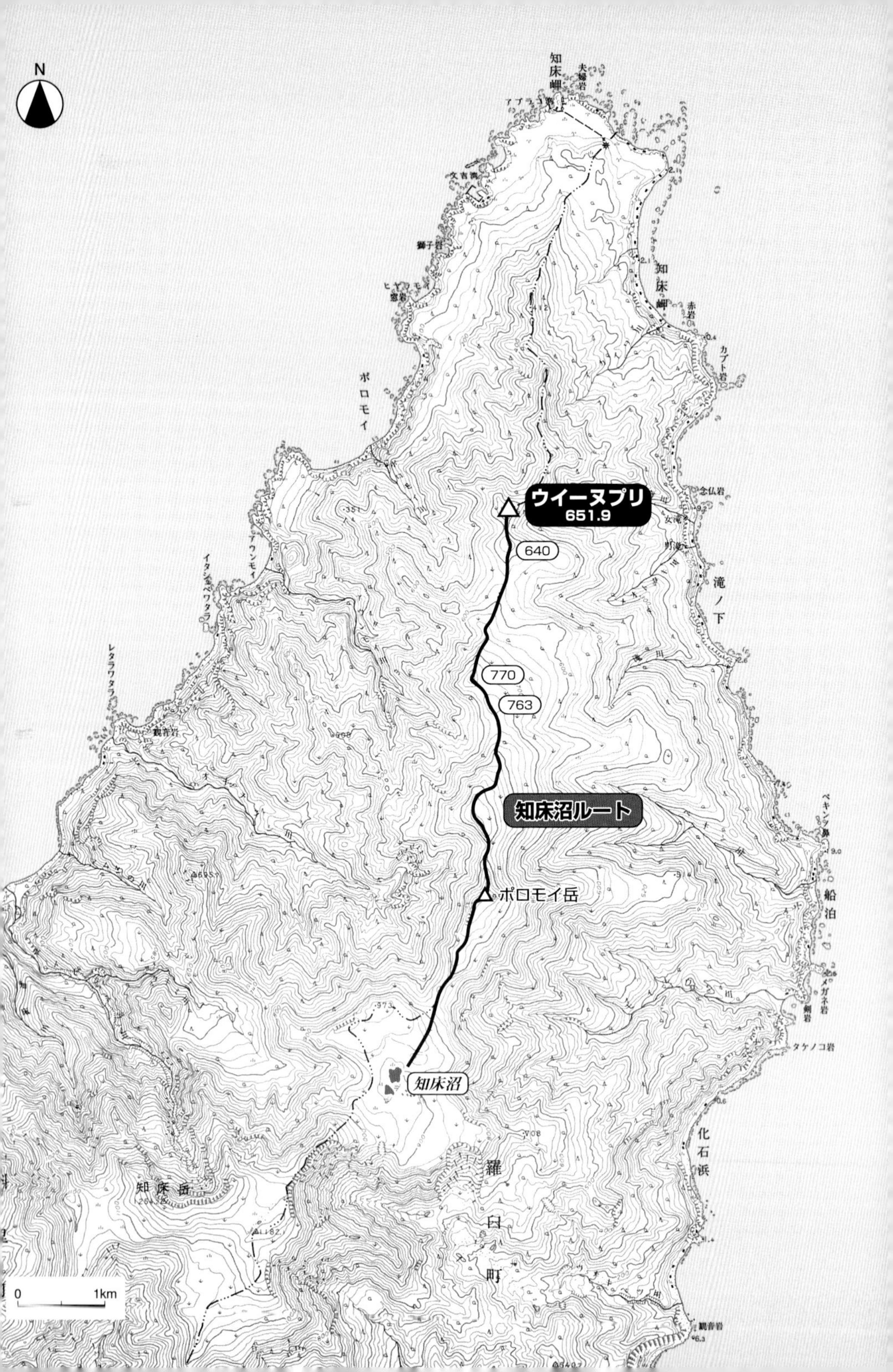
N
知床岬
夫婦岩
文吉湾
獅子岩
ポロモイ
知床岬
赤岩
カブト岩
念仏岩
ウイーヌプリ
651.9
640
滝ノ下
レタラワタラ
770
763
知床沼ルート
ペキンノ鼻
ポロモイ岳
船泊
メガネ岩
剣岩
タケノコ岩
知床沼
化石浜
羅臼町
知床岳
0
1km

知床岬
〔しれとこみさき〕

知床岬は山でも沢でもないが、秘境の岬に一度は立ってみたいと思う人は多い。苦労してこの地点に立ち、感激にひたりながら万歳を叫んだ人は多いだろう。北海道の大概の岬には自動車道路が通じていて、土産物の店や民宿などが立ち並び、観光客が大挙して押し寄せる。

しかし、知床岬には道路が無いばかりでなく、海からの上陸も禁止されている特別な岬である為、観光客は遊覧船の上から岬を眺めるしかない。体力に自信のある人は岬を目指して歩いて行くのだが、そういう意味では山の頂点に似ているかもしれない。やはり、ここを起点にするよりも終点にしたほうが、「大地の果て」の意味の「シレトク」を実感できるだろう。

先史時代には集落があり、人が生活していた遺跡が発掘されている。突端にある夫婦岩の辺りをヌサウシといい、「幣《ぬさ》が沢山ある所」の意味で、神を祭る時はここへ来て御神酒をささげ、木幣を立てて祈ったという。今では住む人も無く、クマや鹿の楽園になっている。

斜里側の海上から見る知床岬

●ウナキベツ川河口〜
知床沼C1 ………7時間00分

●メンバー…田島康雅
伊藤健司
土谷匡
伊藤正博
武田榮
馬場勝寿
荒木格
有賀文隆
1997年8月13日〜16日

夏尾根縦走ルート

夏尾根を縦走して知床岬に立ってみたい。しかし、道が無い為岬まで何日必要なのかがわからない。色々調べているうちに、会の田島さんが大学時代に踏査経験があるという。そして「知床沼から岬まで二日間で行ける」と力強い言葉を聞き、田島さんにリーダーをお願いした。

羅臼側の相泊港からチャーターした船でウナキベツ川河口に上陸する。ウナキベツ川左岸の林の中の踏み跡をしばらく進むうち、以前に通った所と違うなと思っていたら、突然大きな沼に出た。神秘的な青緑色をした沼の中には、バイカモ草の白い花が沢山咲いていて美しい。予定のルートより左に

バイカモ草の花咲く青い沼

寄り過ぎたようで、標高335mにある沼のようだ。

沼からはウナキベツ川が音を立てて流れ出ている。沼を過ぎると伏流になり、膨大な量の鉄平石が積み重なった「スレート広場」の中を通って行く。今回も樹林の中の迷路で苦労したが、大崩れ左岸のルートに取り付くことができた。崩れそうな草付きの急斜面を喘ぎながら一歩一歩登る。崖を登り切りダケカンバの林で休憩する。

ここから知床沼までは、ポロモイ台地のハイマツ帯の中に刈分け道があるが、伸びた枝にザックが引っ掛かり、両手で枝をこじ開ける苦しい作業が続く。足のすねに飛び出ている枝が当たり、痛くて我慢の連続である。突然、ハイマツ帯から小規模な池塘に出て一息つく。ここから沼へのルートは大きな岩の間を太いハイマツが大蛇の様にうねっていて歩きにくい。十五時三十分、沼に着いてテントを設営する。知床沼は美しく、知床岳方向の稜線もすっきり見える。平らな草原に裸足で座り、一年ぶりの沼の景色を眺める。

●知床沼C1～814m地点C2　10時間00分

天気予報では低温注意報が出ていて、濃霧で何も見えない。今日は計画書によると、ポロモイ岳を越えてウイーヌプリ手前のコルでC2の予定である。各自4ℓの

知床沼C1でくつろぐ

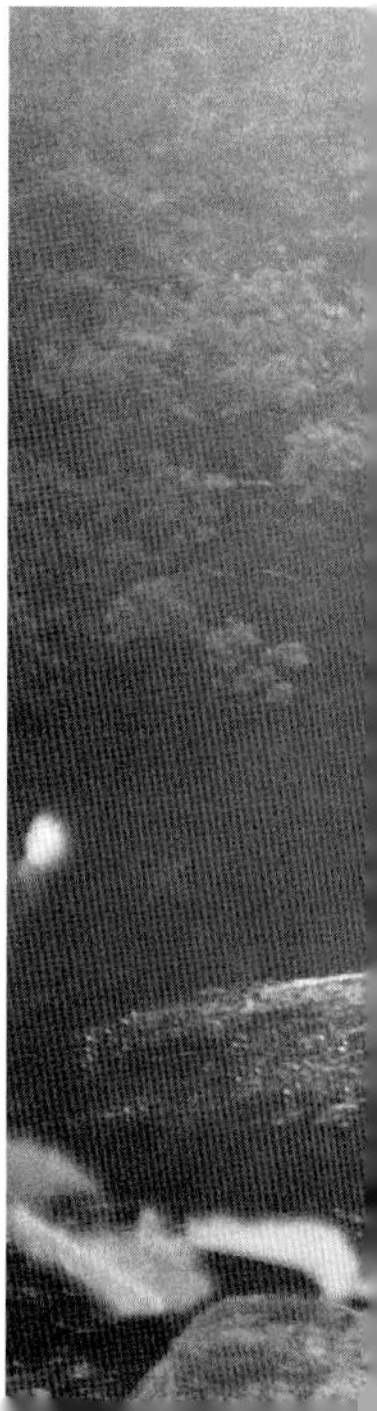

濃霧の中のハイマツを延々こぐ

沼の水を背負い、四時三十分、出発する。テント場から知床岬方向に向かって刈分けがあり、順調なスタートである。しかし、三十分も進むと刈分けが不明瞭になり、ハイマツの背丈が４ｍもある空も見えない真っ暗なジャングルに突入してしまった。地上２ｍのハイマツの枝の上を歩くのは微妙なバランスが必要で、何度も足を踏み外して落ちてしまい、ハイマツの底から脱出するのに体力を消耗する。濃霧の中でハイマツを掻き分ける度に、葉にびっしり付いた水滴が頭の上からシャワーとなって降り注ぐ。真っ暗なハイマツの中を地獄のような行進が続く。

いつしかモイレウシの沢形に進んでしまい、ＧＰＳで方向を修正しながら標高９００ｍの稜線に戻る。沼からここまで７００ｍの距離を二時間かかり、ハイマツの枝から枝への綱渡りで、一時間以上も空中を歩いていたことになる。８８４、９２５、９７０ｍの各Ｐのアップダウンを強烈なハイマツに苦労しながらポロモイ岳に着いた。

岩が積み重なる頂上に座り、束の間ハイマツ地獄から開放されるが、ガスで景色は何も見えない。メンバーの一人が、買ったばかりの時計をハイマツに盗まれたと嘆いている。次の947mPへも延々とハイマツが続く。947mPからはハイマツの中にダケカンバが混じる。ダケカンバの枝は曲がらないので通り抜けるのが大変である。広い稜線で右往左往しながら、947mPから二時間を経過しても814m地点に着けず、焦りと寒さで疲労がピークに達してきた。すでに十四時になり、C2予定のウイーヌプリ手前のコルまではもう無理である。

テント場を探しながら小さな涸れ沢の中を下ると、古いキャラバンシューズが片方落ちていた。あちこち破れていて、なぜこんな所に落ちているのか不思議だ。「その辺に白骨でもあるんじゃないの」と冗談を言う。

沢形が不明瞭になり広くなると突然、ハイマツが途切れて太いダケカンバの間にテント二張り分のスペースが見つかった。沼からここまでテントを張る場所などなかったのに、非常にラッキーであった。テントをむりやり張り終えて、テントの中に収まったが全身濡れていて体の震えが止まらない。ウイスキーを流し込むと五臓六腑にしみわたる。今日は十時間の行動で3・5㎞しか進めなかった。平均時速350mだが、ハイマツの濃密な所は一時間に100mしか進めない。果たして岬まで行けるのかと不安を抱きながら、濡れた体を濡れたシュラフに横たえた。

●C2～知床岬C3 ………12時間30分

朝、外は相変わらずのガスでがっかりする。両足のスネが打撲のため痛いが歩くのにはさしつかえない。今日の予定はウイーヌプリを越えて岬までだが、直線距離で8㎞も

疲労がピークに達し皆の顔がこわばる

ある。ここまでは寒さのため水をあまり消費していないが、今日中に岬に着かなければ水が足りなくなる。五時、出発するとすぐにハイマツ漕ぎが始まり、冷たいシャワーが体温を奪う。テント場からコルに向かって下っていると、ガスが急に晴れて、突然、前方に763、770mPがラクダの背中の様に姿を表わした。皆、嬉しそうに歓声を上げる。三日目にして景色を見ることができた。

喜びも束の間、763mPへの登りのハイマツと格闘する。763mPの頂上でブロッケン現象が現れ、夢心地でしばし眺める。次の770mPに着くとウイーヌプリが見える。ウイーヌプリは岩山の様で上半分が白くなっている。アイヌ語ではウフイヌプリといい、「燃えている山」の意味だという。次の640mPへの登りも強烈なハイマツ地獄で、コルから標高差60mを二時間以上もかかり、身も心もボロボロになりながら頂上にたどり着いた。

頂上に上がって驚いた。ハイマツが切られていて十二畳ほどの広場になっている。もっと驚いたのはすぐ

ウイーヌプリと岬に続く山並み

そこに見えるウイーヌプリが山火事で焼けたらしく、山の半分がハイマツの白骨で覆われている。770mPから岩山の様に白く見えたのはこれだったのか。どうやらこの広場はヘリポートらしく、ここからウイーヌプリに向かってチェンソーで道を切り開いてある。消火活動は大変な作業だったろうと想像する。

道をコルに下り、野苺を食べながら登ると、コルから標高差50mを十五分でウイーヌプリの頂上に着いた。640mPの登りでは標高差60mを二時間以上もかかったのだから、道があるのとないのではこんなに違うのだ。頂上からは岬へ続く尾根が一望でき、ルートを目で追うことができる。

ウイーヌプリを出発し、次の602mPへは斜里側の斜面の樹林帯をトラバースすると一時間で着いてしまった。ここから岬までは樹林帯で、ついにハイマツ地獄帯から脱出した喜びを感じる。602mPで木に登ってみると、岬の灯台が見えた。踏み跡のようになった鹿道を行くと、いよいよ知床半島も狭まり、両側の海岸が樹間から見える。ただひたすら「岬へ、岬へ」と念じるように疲れてきた足を急がせる。

　今朝テントを出てからハイマツを漕いで十一時間が過ぎようとしている。３０８、１７６ｍＰを通過すると、突然原っぱに出た。我々が立っている原っぱに夕陽が当たって明るく光り輝き、目の前の森は黒々として重厚で、両方の対比が美しい光景を見せている。そしてその黒々とした中に、地面すれすれに光るグリーンの帯が見える。こんな美しい色を今まで大自然の中で見たことはない。「あれはなんだろう？」グリーンの帯に向かって、まるで吸い込まれるように黒い森に入っていった。

　森を抜けた瞬間、目の前に光り輝く大草原が広がり、皆、息を呑んで立ち尽くす。あのグリーンの帯は草

草原で岬の燈台をバックに記念写真

ついに知床岬の海岸に着いた

原の色だったのだ。そして広大な草原の先は海で尽きている。「岬だ！　ついに来た！　着いたぞ！」膝上まである草原を２００ｍほど進むと、小さな白い鉄塔とプレハブの小屋が建っていた。目の前にはどこまでも青い海が広がっている。

崖の下には小さな入り江があり、今夜のテントを張るには良さそうだ。入り江に下りる道があり、砂浜にはたくさんのハマベンケイソウが青い花を咲かせていて、我々を歓迎してくれた。十七時三十分、ついに知床岬の海岸に着いた。

この先にはもう陸地がなく、ここが地の果てだ。皆で握手を交わす。あたりの大きな岩や奇岩に夕陽が当たり、岩肌をオレンジ色に染めている。やがて陽も落ちて海面がピンク色に染まるのを眺めながら、焚火を囲んでウイスキーで乾杯する。今日一日、水を節約したおかげで何とかここまでもった。夜中に喉が乾いて起きることを考えて、あと一口分の水を残しておく。シュラフの中で、渚に打ち寄せるさざ波の音を聞いていると、知床岬の突端に現実に寝ているという充実感がひたひたと押し寄せてきた。

●C3〜赤岩　………1時間00分

天気が下り坂なのと足が痛い人がいるので、相泊まで海岸を歩いて帰るのをやめ、赤岩にある番屋で船を頼んで帰ることにした。奇岩怪石の海岸を歩くとイルカが打ち上げられていた。途中の川でエキノコックスを気にしながら水をたらふく飲んで、昨日から水に飢えていた欲求を満たした。赤岩から船に乗ると、ガスの切れ間から山の稜線が見えて、三日間歩いたことが走馬灯のように頭の中を回っている。皆も同じ思いらしく、沈黙したまま稜線を眺めていた。

海岸を赤岩番屋に向かう

N
知床岬
C3
赤岩
船で帰る
ウイーヌプリ
640
770
C2
夏尾根縦走ルート
ポロモイ岳
C1
知床沼
観音岩
船
相泊
0
1km

●相泊～滝川C1…8時間40分
●メンバー…土谷　匡
長屋栄一
及川祥光
角　直剛
伊藤正博
松和芳博
松和満里子
不破洋子
小林久美子
2002年8月2日～4日

羅臼側海岸ルート

相泊から海岸を歩き、観音岩を固定ロープで越える。浜を進むと岩場になり、へつりで通過する。海中の飛び石を渡る所があり、干潮の時間には簡単に渡れるらしいが、波が荒いのでロープを出し、波が引いた瞬間を狙って足早に渡る。

ここを過ぎて化石浜を進むと、やがて尖ったタケノコ岩があり、洞窟のトンネルをくぐる。ロープのある急斜面を登ると美しいモイレウシ湾である。湾を回ると剣岩があり、干潮の時間なので岩の間を容易に通過する。

次のメガネ岩は三角形のトンネルをくぐり、波打ち際の岩場をへつると船泊《ふなどまり》の浜である。浜の岩場を回るとペキン川があり、すぐ先にペキ

観音岩手前の海岸を行く

ンノ鼻が見えている。鼻は小さな岬の意味で、岬の緩い草付きをエゾヒメネギの花を見ながら簡単に登ると、眼下に荒々しい海が広がる。

海岸に降りて進むと岩場があり、海に入るのも嫌なので大高巻きで越える。踏み跡は明確で、滑りやすい草付きをトラバースし、３m程の垂直の壁は固定ロープで降りる。高巻きを終えてしばらく海岸を行き、滝川の洞窟に着いてテントを張る。滝川はその名のように滝のような川で、水量は多い。洞窟の中のテントは波の音が反響して、テントが流されるのではと思いながら寝ていた。

●滝川～岬～啓吉湾C2 ………6時間50分

滝川C１を出発するとやがて男滝と女滝である。二つの滝を過ぎると念仏岩の大きな洞窟があり、洞窟の真上を念仏を唱えながら固定ロープで高巻く。エゾカ

ペキンノ鼻の岬を登る

ワラナデシコのピンクの花が風に揺れている。下りの斜面にもロープがあり、一部垂直な所もあるので慎重に降りる。浜を行き番屋を過ぎると難所のカブト岩に着く。フキの生えている小さな沢から入り、尾根をぐんぐん登る。トウゲブキの黄色い花が一面に咲いている。カブト岩の頂上からは岬の灯台が見える。下りはガレた急斜面の固定ロープを利用するが、海岸までは長い下降が続き、九人全員が下り終えるまではかなりの時間を要した。

　ここから先は難所もなく、赤岩を過ぎるとイソヤの立岩である。浜の波打ち際にナミキソウの紫の花が一面に咲いていて、すぐ近くに岬の灯台が見えてくる。途中から急斜面を登り、台地の草原を進み灯台に上がる。灯台から岬に向かって草原の中に道がある。

　岬に着くと色とりどりの高山植物が咲いていた。チシマセンブリの紫、レブンコザクラの赤い花が一輪、チ

難所のカブト岩を越えた

啓吉湾とタカサラウニの立岩

シマキンバイの黄色。ガンコウランは増え過ぎたエゾシカに食べられ絶滅寸前だという。相泊から海岸を歩いて岬に着いたが、尾根を縦走して来た時の様な感動は無かった。

　岬からさらに草原を進み、斜里側海岸にある啓吉湾に下りていく。斜面からは清水が流れていて、波打ち際にも湧水が出ている。啓吉湾の中ほどに「タカサラウニ」の立岩があり、「天目台に似た岩のある所」の意味だという。啓吉湾に降りる途中の湧水の下の平らな所に、江戸時代には通行屋があり、探検家の松浦武四郎も宿泊している。また、啓吉湾の上の台地にはアイヌのシレトコタンがあった。お昼に着いたので洞窟にテントを張り、午後からは浜遊びをしてゆっくり過ごした。

メガネ岩、アイヌ語ではピヤラオマイ。ピヤラオマイとは「窓のある所」の意味

●C2〜メガネ岩〜
赤岩 …………………4時間22分

翌朝、ザックを台地の上にデポして、水と行動食だけ持ち出発する。奇岩怪石のある斜里側海岸の景勝を堪能しながらメガネ岩(ピヤラオマイ)まで散策する。しばらくメガネ岩で遊んでから帰路につくと、台地の草原の道を大きなクマが歩いていて、デポしたザックに向かっているように見える。皆で笛を吹きながら別の方向から先回りし、急いでザックを背負い逃げる。赤岩の番屋で船を頼み、荒い波しぶきを頭からかぶり、ずぶ濡れになりながら相泊に帰った。

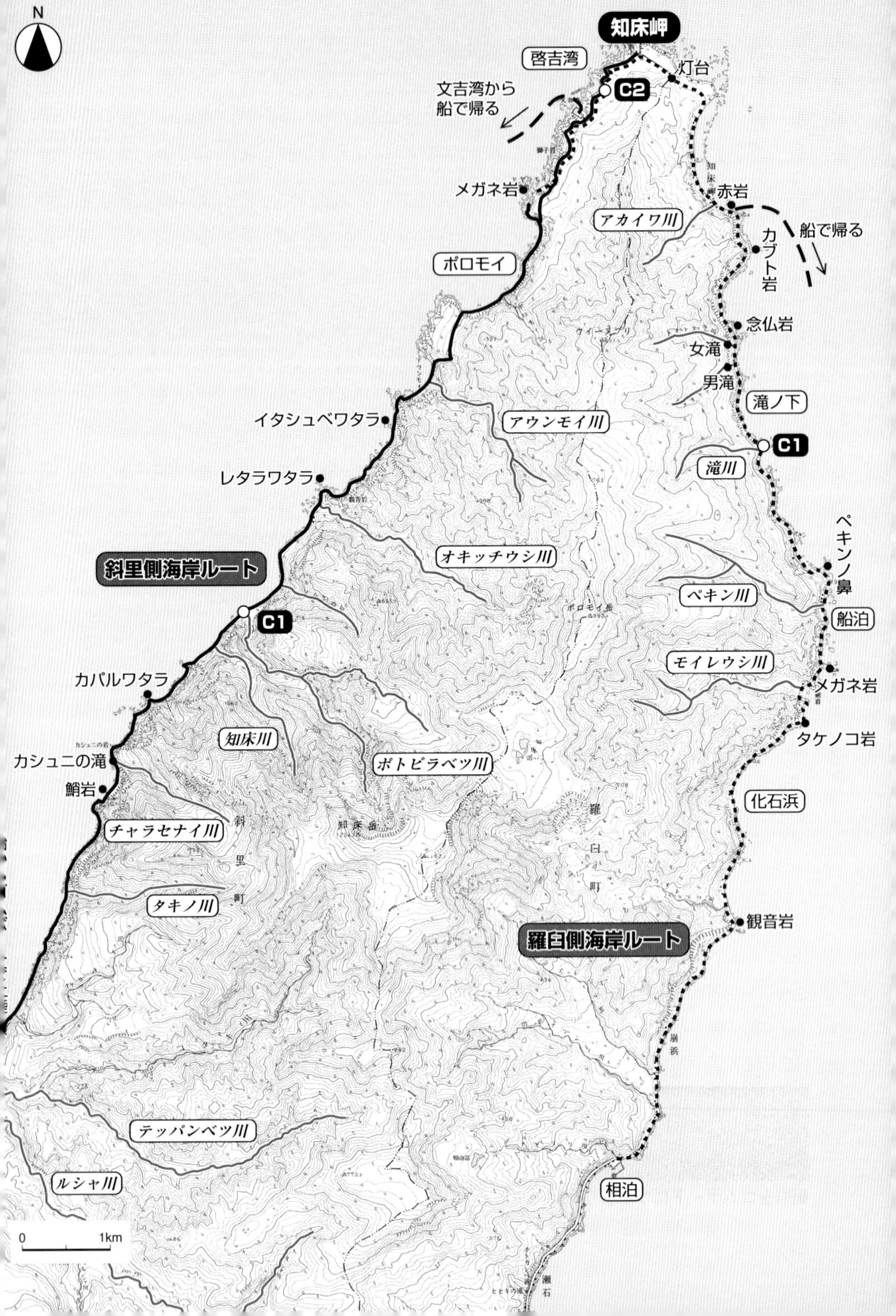
N
知床岬
啓吉湾
灯台
C2
文吉湾から
船で帰る
メガネ岩
赤岩
アカイワ川
船で帰る
カブト岩
ポロモイ
念仏岩
女滝
男滝
滝ノ下
アウンモイ川
イタシュベワタラ
C1
滝川
レタラワタラ
ペキンノ鼻
オキッチウシ川
斜里側海岸ルート
ペキン川
船泊
C1
モイレウシ川
メガネ岩
カパルワタラ
タケノコ岩
知床川
カシュニの滝
ポトピラベツ川
鮹岩
化石浜
チャラセナイ川
斜
里
町
羅
臼
町
知床岳
タキノ川
観音岩
羅臼側海岸ルート
崩浜
テッパンベツ川
ルシャ川
相泊
瀬石
0
1km

●ルシャ〜ポトピラベツ川C1
……………………………11時間8分
●メンバー……土谷匡
前川公彦
星加恒雄
及川祥光
小林久美子
伊藤正博
2004年7月17日〜19日

斜里側海岸ルート

相泊から羅臼側海岸を歩いて岬まで行くのは容易で、行く人数もかなり多いが、斜里側海岸を行く人は希である。大学のワンゲルや探検部の記録を二、三読んだことがあるが、社会人の記録は目にしない。今回のメンバーの前川さんは、一九七七年に北海道大学探検部の三人でこのルートを踏査した経験がある。前川さんのアドバイスで、ゴムボートを持って行くことにした。

チャーターした遊覧船でウトロ港から船出する。ルシャ番屋の手前の沖に船を停めてもらい、ゴムボートで五時四十三分に上陸する。テッパンベツ川の河口付近に三頭のクマがいる。そのうち二頭は子グマで、親グマがしきりにこちらを気にして見

蛸岩をゴムボートにつかまり泳ぐ

カシュニの滝が海に落ちる

ている。番屋の人に挨拶をしていると、これから進む海岸の５０ｍ先にもクマがいる。しばらくクマの様子を見ていたが動こうとしない。ここで時間を浪費するわけにもいかないので、クマの顔色を伺いながらジワジワと進む。クマもこちらを気にしながらゆっくり歩いている。結局、三十分の間クマが我々を先導して歩くことになってしまった。最後はクマが根負けした様に草付きの急斜面を登り、崖の上から我々が通過するのを眺めていた。

やっと緊張から開放されて進み、タキノ川の番屋前で休憩する。すぐ後ろにはタキノ川が３０ｍの滝となって落ちている。しばらく大きなゴロ岩を進んで行くと、蛸岩《たこいわ》の手前にある岬で進めなくなり、ゴムボートを膨らます。今日初めてボートに命綱を繋いで泳いでみるが、七月半ばの海水は冷たい。岬を越えると蛸岩が海中に立っている。青空が広がり、穏やかな海面を人と荷物を二回に分けて運び上陸する。

ここからはカシュニの滝が近いので、ボートを四人で持ち大きな岩の上を運んで行く。滝の手前で三人がボートに乗り、三人が断崖の下の波打ち際を歩いて行く。チャラセナイ川がカシュニの滝となって、１０ｍの高さから直接海に落ちている。ここは観光遊覧船も滝の近くまで寄り、観光客が写真やビデオを撮る名所となっている。先頭を歩いている星加さんが滝の裏側の壁をへつり、滝を越えた。土谷さんと前川さんは滝の手前で飛沫を浴びながら立っている。私はボートの上から滝の写真を写し、ボートは先へと進んで行く。

その時である。反対側から大きなクマが滝を目指して歩いて来る。我々ボートの三人が「クマが来るぞー」と叫びながらホイッスルをしきりに吹くが、滝の「ゴーッ」という瀑音で三人には聞こえていない。クマと星加さんの距離が縮まっていく。ウワーッ、まずい、困った、どうしよう。この光景をすぐ近くまで来ていた観光遊覧船オーロラや、我々を運んでくれた遊覧船が観光客を満載して見ている。皆、カメラやビデオ片手に、まるで映画のロケを見物する様に…。

やっと三人にクマがそこまで来ているのが伝わった。土谷さんはちょうど滝の裏の壁をへつっているところであったが、「逃げろー、逃げろー」と言われても身動きがとれないらしい。クマからはボートの三人と観光船しか見えていない。クマとボートが少しすれ違った。クマはボートをやりすごしたと思い、安心した顔つきで歩みを進める。クマが滝を目指して岩壁の角から顔を出したとたん、間近に星加さんの顔を見て非常に驚いた様だ。クマは声こそ出さなかったが、「ウワーッ」という感じで海に飛び込み、岩の間を逃げて行った。

ボートを岸に寄せて六人分の荷物を乗せ、五人はボートに掴まりながら必死に泳ぐ。遊覧船は「岬への観光は遊覧船に乗った方が安全ですよ〜」とアナウンスして去って行った。後で遊覧船の船長さんに聞いたら、観光客はものすごい場面に遭遇して大変喜んだと言っていた。岸に上がり、クマがいないかどうか確かめたが、どうやら近くにはいない様で、皆で胸をなでおろす。ゴロ岩を進んで行くとカパルワタラの大岩が見えてきた。手前の断崖からは二本の滝が落ちている。水量は少ないが３０ｍと５０ｍ位の滝である。

カパルワタラの番屋には人はいなかったが、五年前に泊めてもらい、お世話になったことを思い浮かべる。玉石の上を行くと、今日一番の難所と予想していたオラップイの岬に着いた。五年前に泳いで岬を越した所だ。ボートを膨らまして三人が乗り、ベタ凪ぎの海面を前川さんが漕いで行く。

一九七七年の時は海が荒れていたという。その時に恐ろしい思いで必死に漕いだ人が、今また漕いでいる。感慨深いものがある。二度往復し、泳ぐこともなく、あっけなく岬を越えて上陸できた。土谷さんが「カシュニの滝で泳いだ時に、色々な情報を書き込んだ防水の手帳を落とした」とがっかりしている(この手帳は五十五日後に知床岬寄りの１０km離れた海岸で拾われ、土谷さんの手元に戻ってくることになる)。

玉石の海岸を歩き、二十分で知床川に着いた。ここからテント場予定地のポトピラベツ川までは三十分で着く。時間に余裕があるので、知床川の大滝を見に行くことにした。

ポトピラベツ川　C１

荷物をデポして川を二十分遡って行くと、断崖から落ちる３０mの大滝に着いた。釜を持った大滝と言われていたが、断崖の一部が崩れて釜は岩で埋まっていた。すごい迫力で、滝の最下部には虹が架かっている。見たいと思っていた大滝を写真に収めることができて満足する。

海岸に戻り、ポトピラベツ川まで行く。右岸の台地の上に草付きの広場があり、イタドリを敷いてテントを張る。食料担当の小林さんが手作りの料理を用意してくれた。おいしい料理は疲れがとれる。シュラフに入ってから小雨がぱらつき、遠くで雷が鳴り、空が光っていた。ここには蟻の巣があちこちにあり、一晩中、体や顔の上をもぞもぞと這い上がってきて、熟睡できなかった。

●ポトピラベツ川～啓吉湾C2 ………12時間23分

　夜半からの小雨が明け方から本降りとなり、私のテントの床が水浸しとなる。出発準備をする頃には雨があがり、周りの景色も見えて海も穏やかだ。五時出発。計画では岬の啓吉湾で相泊から羅臼側海岸を歩いている十人の「羅臼隊」と合流の予定である。

　テント場から少し行くと「マムシの川」の流れがあり、皆で水を飲み、「マムシエキス入りの水を飲んだら、

巨岩帯の迷路を行く

イタシュベワタラの先をゴムボートで行く

パワーがついたみたいだ」と同じことを言う。玉石から巨岩帯の迷路となり、かなり歩きづらい。

やがて昨年ビバークしたオキッチウシの番屋廃屋の前を通り、オキッチウシ川で休憩する。キタキツネが餌をねだりに傍まで寄ってきた。レタラワタラの平磯を過ぎると観音岩で、幻想的な霧の中に自然が造形した白い観音様が頭上から見下ろしている。「無事に啓吉湾に着きますように」と手を合わせる。

巨岩帯の迷路はイタシュベワタラまで続き、霧雨から本降りになり、番屋の前で休憩する。海岸には大小の三角の岩が二つ立っている。番屋から少し行くと進めなくなり、ボートを膨らます。足踏みのプラスチックの空気入れにヒビが入り、及川さんと星加さんの口ポンプで膨らます。二人の肺活量はすごい。人と荷物を二回に分けて運ぶが、今日の雨模様の天気では泳ぐ気にもならない。上陸して進んで行くとアウンモイ手前の岬はちょうど干潮の時間帯になり、磯を歩いて通過することができた。

アウンモイは小さな湾で、湾の中ほどにアウンモイ川が流れていて、番屋は廃屋になっている。この先に岬があり、オンネアフンルイを周り込むとポンアフンルイで、小さな入り江の中の海水の色がエメラルド色でとても美しい。奥まで行ってみたが進めなくなり、アウンモイに戻って山越えすることになった。岩崖の下に立ち木が斜上して並んでいて、イタドリの中を潜って登ると道があった。昔、番屋の人が山越えに使った道だという。尾根に上がり、川を遡行し、標高１００ｍラインをキープしながらポロモイ湾を目指して進んで行く。

途中、約束の十三時に羅臼隊と無線交信を試みるが応答がない。林の中はブッシュも無く歩きやすく、やがて林を抜けてポロモイ湾

アウンモイの湾

啓吉湾洞窟のC2

を見下ろす崖の上に出た。山越えに二時間半を費やした。思った以上に時間がかかり、啓吉湾に十四時三十分到着の予定は完全に無理となった。崖の上から小さな沢の中にルートを見つけ、湾の西端に降りることができた。十四時に再度無線でコールすると応答があり、「十八時頃着けると思う」「待ってます。気をつけて」と交信する。

ポロモイとは大きな湾の意味であるが、湾の西端から番屋まで一時間かかった。ちょうど満潮の時間帯で波が出てきたので、二度目の山越えをすることにする。崖と崖の間にルートらしい踏み跡があるので登ってみる。皆で手分けしてルートを探す。左のカンテ状の岩稜を及川さんが登り切る。私と前川さんが及川ルートを登ってみたが、両側が崖で高度感があるので慎重に登る。土谷さん達三人は右の草付きを登っている。すぐ下は崖で、泥土で滑るため指でホールドを掘りながら登ったという。

上部の林の中で合流し、「いや～緊張したね」「落ちたら終わりだったね」と言葉を交わす。これからは台地の上にルートが続いているので、休む間もなく樹林帯に入る。早く皆の待っている啓吉湾に着きたい。皆の疲労の色が濃い。腹がへっているが休まず歩き続ける。鹿道を辿り、霧で見えないがメガネ岩の上の辺りを通過する。誰かが「疲れた…」と言うが休まず歩く。獅子岩を下に見る。やがて文吉湾が眼下に見えた。「もうすぐだ、がんばれ」。ハサミ湾の上を通過する。啓吉湾のほうから煙がたなびいている。

啓吉湾の上に来た。ついに来た。皆で「オ〜イ」と叫び、ホイッスルを吹いてみる。崖の下から「ヤッホー」「オ〜イ」といろいろな声が聞こえ、ホイッスルも鳴っている。来た。ついに来た。崖から道を降りて行く。湾の浜に出た。皆が手を振って待っている。着いた。ついに着いた。涙が出そうになる。

土谷リーダーに羅臼隊の女性二人が抱きつく。皆で握手を交わす。羅臼隊十人と我々六人が知床岬で無事に合流することができた。羅臼隊は暖かい味噌汁とお汁粉をご馳走してくれた。とても美味しく、涙が出そうになる。焚火を囲んで歓談はしばらく続いた。

●啓吉湾〜知床岬〜文吉湾 …………2時間30分

気持ち良く目覚め、湾の沖にある「タカサラウニ」の立て岩と青い海を眺める。ここに泊まったのは二度目だが、水場もある美しい湾である。羅臼隊はメガネ岩まで散策するため七時にスタートして行った。我々は知床岬まで散策してのんびり過ごす。3ルートから三度目の知床岬に立ち、空も心も晴れやかである。六人で握手を交わす。

十時に文吉湾で羅臼隊と再び合流し、快晴の空の下、観光遊覧船に乗って二日間歩いたルートを目で追いながらウトロ港に帰った。

知床岬燈台をバックに6人で

文吉湾から船で帰る

あとがき

巻頭で、「本著はガイドブックではない」と書いているが、当初、本を作るにあたっては、北海道撮影社発行の「北海道の山と谷」を参考にしていた。この本は以前からマニアックな登山愛好家に読まれているガイドブックで、私も常に傍に置いて愛読している一冊である。ガイドブックであるから喜怒哀楽の感情は書かれてないいし、読物的な面白さもない所に魅力を感じていた。私は、「ガイドブックではない」としながらも、ガイドブック的な文章を考えていた。大部分は自分の考えに忠実に、ルート説明だけの面白味のない冷たい文章となった。しかし、山行中は荷の重さや暑さ寒さに耐え、蚊やブヨの攻撃に苦しみ、初めて見る滝や湖に心洗われ、美しく可憐な花との出会い、仲間と感動を共にした喜びなど多くの喜怒哀楽がある。この感情は少なからず随所に出てしまった。

文中の湖などの名称で、「遠音別湖」、「チャラッセナイ湖」、「ラサウ沼」、「黒豹の函」は正式な名称ではなく、私が便宜上、勝手にそう呼んでいるだけである。遠音別岳の斜里側の山腹に、「遠音別湖」、「チャラッセナイ湖」を含む五つの湖（沼）があるが、森林管理署で販売している林班地図には五つの湖に、「雪湖（ゆきこ）」、「幸湖（さちこ）」、「流美湖（るみこ）」、「冷湖（れいこ）」、「真湖（まこ）」の名称を記載している。まるで、どこかの家族の名前を付けたような名称だと思うのは私だけだろうか。「遠音別湖」や「チャラッセナイ湖」の様に、付近の山や川の名を取り入れる方が分かり易くて良いのではと思っている。

本を作ろうと思い立ち山行を重ねるうち、今年の七月に知床が国内三番目の世界自然遺産に登録された。昨年あたりから、知床岳に登る人が急に増えていると聞いてはいたが、今年の八月に知床岳を登ってきた仲間の話では、知床沼には何張りものテントが設営されていたとのことである。風の噂を聞き、登山規制される前に駆け込み登山をしたいという意識が働いているのかも知れない。

いずれにしろ、世界自然遺産ということで知床が今まで以上に注目され、観光客と共に登山者も大幅に増えるのは間違いない。羅臼岳の登山コースにトイレの設置の必要性と、遭難者も増えることが予想される。そして、将来は不必要なダムは取り壊し、人間も含めた生物の為に自然に戻すことも真剣に考えるべきなのではないか。「自然遺産」とは、「永遠に生物の子孫に残す自然の財産」という意味があるのではないだろうか。

最後に本を作るにあたり、株式会社 共同文化社の編集部、一緒に山行してくれた山仲間、記録や写真の提供をしてくれた方々に感謝を申し上げます。本当にありがとうございました。

二〇〇五年九月

伊藤　正博

著者略歴

伊藤　正博（いとう　まさひろ）

1949年北海道鹿部町生まれ。小学校の遠足で「駒ヶ岳」に登る。中学2年から網走市に住み、網走南ヶ丘高校を卒業。1990年に網走山岳会に入会し、大雪山、日高山脈、阿寒、標津山地、知床半島の山を登る。長年かけて海別岳から知床岬まで知床半島を縦走。著書に自作の「標津山地の記録」がある。日本山岳会会員。

住所：〒093-0042　網走市潮見2丁目4－9

電話&FAX：0152-44-6626

知床半島の山と沢

二〇〇五年九月二十八日　初版第一刷発行

二〇〇五年十月二十五日　第二刷発行

著　者　伊藤　正博

発行所　共同文化社

〒〇六〇-〇〇三三

札幌市中央区北三条東五丁目五番地

電話〇一一―二五一―八〇七八

http://www.iword.co.jp/kyodobunkasha

印　刷　株式会社アイワード

※本書に掲載している地図は、国土地理院長の承認を得て同院発行の5万分の1地形図を使用したものである。

（承認番号）平17道使　第22号

ISBN4-87739-117-7　C0075